PRÉCIS HISTORIQUE

DE

LA CAMPAGNE

FAITE EN 1807

DANS LA POMÉRANIE SUÉDOISE

PAR LE CORPS D'OBSERVATION DE LA GRANDE-ARMÉE,
COMMANDÉ PAR LE MARÉCHAL BRUNE;

SUIVI

D'UNE NOTICE SUR CE MARÉCHAL.

PAR LE CH[ER] VIGIER,

DE SAINT-JUNIEN, ANCIEN AIDE-DE-CAMP, CHEF DE BATAILLON.

Utilis et bellorum et pacis rebus agendis.
Juv., sat. XIV, v. 62.

LIMOGES.

F. CHAPOULAUD, IMPRIMEUR-LIBRAIRE,

PLACE DES BANCS, N° 9.

SEPTEMBRE 1825.

AVERTISSEMENT.

Appelé à l'honneur de faire la campagne de la Poméranie suédoise en 1807, j'en écrivis le Précis historique immédiatement après l'occupation de l'île de Rugen, qui avait mis fin à ses opérations. Avant de livrer cet ouvrage à l'impression, je crus devoir en soumettre le manuscrit au maréchal Brune, général en chef de l'armée. Je mis également sous ses yeux la carte du pays, le plan de Stralsund, celui des opérations de la campagne et du siége, la carte de l'île d'Anholm, de son fort et de ses redoutes, enfin celle de l'île de Rugen, avec les lignes de démarcation et d'évacuation par l'armée suédoise.

Sur ces entrefaites, le maréchal fut subitement rappelé à Paris, et le commandement de son corps d'armée confié au général de division Molitor. Je reçus, de mon côté, l'ordre de me rendre auprès du gouverneur de Stetin, dont j'étais chef d'état-major avant l'ouverture de la campagne. Je passai successivement à la Grande-Armée d'Allemagne, à celles du Tyrol, d'Espagne, et enfin de Portugal.

J'attendais la réponse du maréchal et ses avis pour mettre au jour mon travail avant mon départ de Stetin ; mais je ne pus la recevoir alors, et je fus forcé de remettre à d'autres temps la publication d'un ouvrage qu'il approuvait sans doute, puisqu'il l'avait conservé dans ses papiers de choix.

Les événemens de la malheureuse campagne du Portugal m'ayant dépouillé de mes dessins et de mes plans, je me trouve dans l'impossibilité absolue de les joindre à mon opuscule.

En faisant paraître ce Précis, je n'ai d'autre mérite que celui de raconter des faits dont j'ai toujours été témoin. Écrivain faible, je serai du moins toujours vrai : je crois, sous ce rapport, pouvoir remplir la noble tâche que je me suis imposée. Mon seul but est de rendre hommage à la mémoire d'un homme illustre, né et élevé dans la province où je reçus le jour; d'un citoyen qui, entré au service dans les grades subalternes, s'éleva, comme un autre Fabert, aux premières dignités militaires; d'un général qui servit si bien et avec tant de désintéressement son pays, et qui, après avoir fait trembler au dehors les ennemis de sa patrie, tomba, par le plus lâche des assassinats, victime des partis qui si long-temps désolèrent notre belle France.

AVANT-PROPOS.

De toutes les campagnes où le maréchal Brune a commandé en chef, celle de la Poméranie suédoise, bien que très-courte, est celle, sans contredit, qui fait le plus d'honneur au maréchal, quoiqu'elle ait été pour lui la source de sept années de disgrâce, tout en procurant à la France les plus grands avantages.

Chargé du commandement en chef du corps d'observation de la Grande-Armée, qui poussait ses victoires jusqu'aux bords du Niemen, et de laquelle il ne pouvait espérer aucun secours, le maréchal avait à faire le siége de Colberg, place importante de la Prusse, que jadis quatre-vingt mille Russes n'avaient pu forcer à se rendre ; il avait, en outre, à garder les côtes de la Baltique, depuis l'embouchure de la Vistule jusqu'aux bouches de l'Oder, et enfin à observer une armée de quarante mille hommes, commandée par le roi de Suède, et dont les opérations n'étaient suspendues que par un armistice de dix jours.

À la dénonciation de cet armistice, avec un corps d'armée extrêmement faible [1], privé d'officiers d'état-major, qui presque tous avaient été appelés à la Grande-Armée [2],

[1] La force du corps d'observation consistait en trente-six bataillons d'infanterie, tous au-dessous du complet, et douze escadrons de cavalerie extrêmement faibles; les divisions Boudet et Molitor, récemment arrivées de l'Italie par le Tyrol, comptaient dans cette force et faisaient partie du corps d'armée.

[2] M. le comte de Clermont-Tonnerre, aujourd'hui colonel d'état-major,

sans artillerie de position ni équipage de siége, sans administration et sans approvisionnemens, le maréchal sut tout créer, surmonta tous les obstacles, et trouva dans son génie les ressources qui lui manquaient. Par sa bonté, sa douceur et sa générosité, il avait su, pour ainsi dire, doubler ses forces, en gagnant le cœur des soldats et la confiance des officiers : tous semblaient obéir a un père plutôt qu'à un chef. Aucune belle action n'était perdue; et le maréchal, s'oubliant lui-même, mettait tous ses soins à faire récompenser le mérite et la valeur de ses braves compagnons d'armes.

Dans la Notice sur le maréchal, qui fait suite au Précis de sa campagne dans la Poméranie, nous avons indiqué les grades militaires dont il fut revêtu sous les divers gouvernemens qui se succédèrent en France, les fonctions éminentes qu'il remplit, et les différentes armées qu'il eut à commander pendant le cours de sa carrière militaire. Grades, rangs, honneurs et dignités, il dut tout à son seul mérite, à l'importance et à l'éclat de ses longs et nombreux services.

L'élévation d'ame et le cœur éminemment français distinguèrent toujours le maréchal Brune, qui à la vaillance d'un capitaine joignait les connaissances d'un homme d'état et les talens d'un administrateur éclairé. Imbu de bonne heure des principes d'une sage liberté, il sut, au milieu des dignités et au faîte de l'élévation, résister aux préjugés de l'ancien régime, que quelques partisans nourrissaient

alors capitaine aide-de-camp de M. le général de division Clarck, gouverneur-général de la Prusse, fit volontairement cette campagne en qualité d'officier d'état-major.

M. le général de division Reille, aide-de-camp de l'empereur, et M. le comte de Périgord, duc de Dino, aujourd'hui officier-général, et alors capitaine aide-de-camp du prince major-général, vinrent à cette armée après le traité de paix de Tilsit, et prirent part à toutes les opérations du siége de Stralsund, à l'enlèvement de l'île d'Annholm, et à l'occupation de l'île de Rugen.

en secret. L'amour de la patrie, de la justice et de l'humanité furent les vertus dont il donna l'exemple pendant le cours de sa vie militaire, politique et privée. Doux, généreux, bienfaisant, il compta de nombreux amis, jusque parmi les vaincus.

Calomnié, même après sa mort, par un misérable libelliste[1], au moment où sa veuve demandait vengeance, à la justice du roi, du meurtre de son époux, il fut pleinement justifié, en 1819, par les soins et le courage héroïque de sa vertueuse et intéressante épouse, qui, à force de démarches et de persévérance, parvint à réunir et à mettre sous les yeux de ses juges la preuve la plus complète et la plus évidente de la fausseté des atroces calomnies dirigées contre lui. Traduit devant la cour d'assises de Riom, Guindon, dit Roquefort, porte-faix à Avignon, fut reconnu meurtrier du maréchal, et condamné à mort par contumace, en 1821.

Ce monstre, qui s'était soustrait à la peine capitale par la fuite, était rentré et s'était tenu caché dans Avignon, où il est mort et a été enterré avec une espèce d'ostentation, le 20 octobre 1824.

[1] Le sieur A. Martainville, jadis *ris-pain-sel* (commis au vivres) à l'armée des Alpes, républicain renforcé, tenait, en l'an 7, au club de Grenoble, dont il était un des plus zélés orateurs, un tout autre langage. Ne pourrait-on pas lui rappeler aujourd'hui sa félonie, et lui faire l'application de l'imputation sanglante de *révolutionnaire sans foi*, qu'il adressait au maréchal Brune avec tant d'assurance, dans la 18e livraison d'un écrit semi-périodique, intitulé *le Drapeau-Blanc*, pag. 280 et 281.

PRÉCIS

DE

LA CAMPAGNE

DANS LA POMERANIE SUÉDOISE.

DÉNONCIATION DE L'ARMISTICE PAR LE ROI DE SUÈDE. — OUVERTURE DE LA CAMPAGNE PAR LES FRANÇAIS.

Le roi de Suède n'attendait que l'arrivée des renforts qui depuis long-temps lui étaient promis par la cour de Londres [1], pour reprendre

[1] Avant la bataille de Friedland et l'armistice signé à Tilsit, le cabinet de Saint-James, craignant de voir bientôt se former contre lui une nouvelle coalition des puissances du nord sous l'influence de Napoléon victorieux, mit beaucoup plus d'activité dans ses démarches auprès du roi de Suède, qu'il avait mécontenté. Le caractère de Gustave IV était d'une si grande susceptibilité, que le refus que l'Angleterre lui avait fait de le reconnaître pour généralissime du contingent qu'elle devait joindre à la coalition, et quelque retard apporté dans le paiement des subsides qu'elle s'était engagée à lui fournir, l'avaient in-

les hostilités et rompre l'armistice conclu à Schlalkow, le 18 août 1807, entre le maréchal Mortier et le général en chef baron d'Essen; armistice que l'urgence des circonstances et le mauvais succès de la campagne des Suèdois sur la Péene [1], avaient forcé ce général à demander [2].

Tout démontrait, dans la conduite de ce sou-

disposé au point de changer ses bonnes intentions à l'égard des Anglais. Mais les intrigues des agens britanniques furent couronnées du succès le plus complet auprès de ce prince aussi faible que bizarre; succès qui semblait conserver à cette puissance l'empire de la Baltique : car le roi de Suède s'engagea, en violant les conventions écrites et ratifiées par lui, à dénoncer l'armistice et à ne reconnaître que le terme de dix jours, aussitôt que l'expédition anglaise paraîtrait dans le Sund.

[1] Fleuve qui sépare les deux Poméranies, et qui a son embouchure dans le Wolgast.

[2] Le général Armfeld ayant été grièvement blessé d'un coup de feu dans la journée du 16 avril, le général baron d'Essen vint prendre le commandement de l'armée suédoise, qui avait perdu ses magasins. Sa position lui parut tellement critique, qu'il fit proposer une trève au maréchal Mortier, en lui donnant à connaître qu'il avait l'autorisation spéciale du roi pour la conclure. En conséquence, un armistice fut arrêté et signé à Schlalkow, le 18 avril, par les chefs des deux armées, et approuvé par le roi de Suède. Un article additionnel, signé à Stralsund le 29 avril, étendait à trente jours le terme de dix jours stipulé d'abord dans l'armistice du 18 avril 1807.

verain, que la loi de la nécessité et l'espoir chimérique de réunir une masse de forces capable d'opérer une diversion utile à la coalition [1], en faisant lever le siége de Colberg [2], l'avaient amené à approuver cet armistice, plutôt que le désir sincère de procurer à ses peuples une paix si désirée, que la générosité de l'empereur des Français lui avait fait offrir immédiatement après la bataille d'Iena [3].

[1] Le ministère anglais avait proposé à ses alliés de placer la Grande-Armée française entre deux feux, par la formation d'une armée combinée et composée de six mille Prussiens, de dix mille Russes, de quarante mille Anglais ou troupes à leur solde, et de vingt mille Suédois. Cette armée, réunie en Poméranie, devait attaquer l'armée française sur ses derrières, et reconquérir la Prusse, tandis que la Grande-Armée russe devait tenir en échec Napoléon, et l'occuper suffisamment en Pologne. Mais Napoléon, qui eut vent du projet, le fit avorter avant que les alliés en commençassent l'exécution, par la prompte organisation d'un corps d'observation, dont le commandement fut confié au maréchal Brune.

[2] Place importante de la Prusse sur la Baltique, devenue célèbre par la brillante résistance qu'elle opposa aux Russes, qui ne purent s'en rendre maîtres.

[3] Immédiatement après la bataille d'Iena, Napoléon, conservant l'espoir de ramener la Suède à des sentimens plus pacifiques, avait fait proposer au cabinet de Stockholm de rétablir les relations d'amitié et de bonne intelligence qui avaient existé entre les deux gouvernemens avant

La mauvaise foi du roi de Suède était si peu voilée, que, pendant l'armistice même, au mépris du droit des gens et des lois de la guerre, ses frégates ne cessèrent d'exercer des hostilités contre les troupes françaises qui faisaient le siége de Colberg [1], tandis qu'au sein de ses états, un corps d'armée d'une puissance en guerre contre la France, se formait, s'organisait et se disposait enfin à entrer en campagne [2].

A peine l'expédition anglaise eut-elle paru dans les mers de Rugen [3], que, ne gardant plus

la révolution; mais l'obstination du roi, les intrigues et l'or de l'Angleterre rendirent nulles ces négociations, et on fut obligé de recourir à la force des armes pour obtenir ce qu'on refusait à des démarches bienveillantes.

[1] Par un des articles de l'armistice conclu à Schlalkow le 18 avril, les Français entraient en possession des îles d'Usedom et de Wollin: la ligne de la Péene et de la Trebel était la démarcation entre les deux armées, et le général suédois baron d'Essen s'engageait à ne fournir directement ni indirectement aucun secours, de quelque nature que ce fût, aux places de Colberg et de Dantzick, non plus qu'aux troupes d'aucune puissance belligérante contre la France ou ses alliés. Il était stipulé enfin que les Suédois s'opposeraient à tout débarquement de troupes dont les gouvernemens seraient en guerre avec la France, soit à Stralsund, soit dans l'île de Rugen, pendant la durée de la suspension d'armes.

[2] Corps du général prussien Blucker.

[3] Aussitôt que les Anglais eurent débarqué la légion Al-

aucun ménagement, le roi Gustave IV crut pouvoir dénoncer l'armistice, et, à la tête de son armée grossie par ses alliés, jouer un des premi ersrôles sur le grand théâtre d'une guerre qui se poussait avec tant d'activité dans le nord de l'Allemagne.

L'armistice fut dénoncé le 3 juillet, et le roi de Suède, tout en violant l'article additionnel signé à Stralsund le 29 avril, qui étendait à trente le terme de dix jours, ayant fait notifier que les hostilités recommenceraient le 13 juillet, tout retentit en Poméranie et en Suède du cri sinistre de la guerre [1].

lemande dans l'île de Rugen (cette légion était à la solde de la Grande-Bretagne), l'empereur de Russie et le roi de Prusse croyant, par cette démonstration, que la cour de Londres allait enfin tenter, pour la cause commune, les grands efforts matériels auxquels elle s'était positivement engagée, reprirent de leur côté la plus vigoureuse offensive, qui donna lieu aux batailles d'Eylau et de Friedland.

[1] Les hostilités exercées, au mépris de l'armistice, par la marine suédoise, contre les troupes françaises et alliées qui faisaient le siégé de Colberg, l'intention formelle qu'avait manifestée le roi de Suède à son arrivée en Poméranie, de ne consentir qu'à la première stipulation de dix jours, avaient mis le maréchal Brune dans la nécessité d'entrer à ce sujet dans des explications avec les généraux suédois; et, pour terminer tous différends, le roi avait fait assigner au maréchal une entrevue à Schlalkow, à laquelle

Les Suédois se trouvaient en position sur la Péene et la Trebel; leurs alliés avaient l'ordre de les y renforcer, et quarante mille hommes formaient l'armée coalisée qui devait agir, et que le roi de Suède commandait en personne.

Au premier avis de cette rupture inattendue, qui eut lieu un mois après l'entrevue de Schlalkow, M. le maréchal Brune, quoique pris à l'improviste, fit les dispositions nécessaires pour prévenir l'ennemi dans ses projets hostiles; car il n'y avait pas un seul moment à perdre, dix jours étant le terme fatal auquel le signal des combats devait se donner.

il se rendit le 4 juin. Le maréchal ayant exposé à ce prince ses griefs sur la conduite de la flottille suédoise devant Colberg, et réclamé l'exécution entière de l'armistice, et surtout celle de l'article additionnel, c'est-à-dire le terme de trente jours au lieu de dix jours après la dénonciation de la rupture, le roi Gustave, écartant toute discussion, déclara brusquement que sa volonté était immuable pour le terme convenu d'abord, et qu'il n'en admettrait point d'autre. Bien plus, il fit une ouverture aussi singulière qu'éloignée du but de l'entrevue, et, tout en profanant la majesté royale, il osa tenter auprès de ce respectable maréchal des moyens de corruption qui déshonorent toujours l'agent qui est chargé de les faire autant que ceux qui les ordonnent; moyens que le maréchal Brune, contenant à peine son indignation, repoussa comme devait le faire un homme d'honneur et un guerrier français.

Les ordres les plus précis furent adressés aux généraux du corps d'armée pour la prompte réunion des troupes et leur direction sur la Péene et la Trebel, où les hostilités devaient infailliblement commencer.

Le corps d'observation, renforcé plus tard, se trouvait alors faible et disséminé; une partie était occupée au siége de Colberg, que l'on poussait avec la plus grande vigueur : cette place serait tombée sous peu de jours, si l'armistice conclu à Tilsit [1] n'en eût suspendu l'attaque.

[1] Le 19 juin, à deux heures de l'après-midi, l'empereur entra dans Tilsit, ville située sur le Niemen. Le même jour, le grand duc de Berg reçut un parlementaire du général prince Bagration, commandant l'arrière-garde russe, porteur de deux lettres, l'une de ce même prince, et l'autre du général en chef comte Béningsen, par laquelle il chargeait le prince Bagration de faire la demande d'un armistice. Ces deux dépêches furent transmises à l'empereur Napoléon, qui eut la générosité d'arrêter sa marche victorieuse, et d'écouter les propositions qui lui étaient faites pour le rétablissement de la paix. Non moins magnanime à Tilsit qu'à Austerlitz, il sut respecter une grande infortune, et traiter Alexandre et Frédéric-Guillaume en rois. Dans la soirée même, le lieutenant-général russe prince Labanow passa le Niemen, et vint conférer à ce sujet avec le major-général prince Berthier. Ces deux plénipotentiaires étant tombés promptement d'accord, arrêtèrent et signèrent, le 21 juin, l'armistice suivant :

Art. 1er. Il y aura armistice entre l'armée française et

Cet armistice, notifié, fournissait quelques moyens de tirer des troupes de devant Colberg, pour les employer contre le roi de Suède : le maréchal en profita.

Le reste de l'armée, qui se trouvait cantonné sur les frontières du Mecklenbourg, dans la Poméranie prussienne et dans les marches ou pro-

l'armée russe, afin de pouvoir, dans cet intervalle, négocier, conclure et signer une paix qui mette fin à une effusion de sang si contraire à l'humanité.

ART. 2. Celle des deux parties contractantes qui voudra rompre l'armistice, ce que Dieu ne veuille! sera tenue de prévenir au quartier général de l'autre armée, et ce ne sera qu'après un mois de la date des notifications, que les hostilités pourront recommencer.

ART. 3. L'armée française et l'armée prussienne concluront un armistice séparé, et, à cet effet, des officiers seront nommés de part et d'autre. Pendant les quatre ou cinq jours nécessaires à la conclusion dudit armistice, l'armée française ne commettra aucune hostilité contre l'armée prussienne.

Par l'art. 4, les limites de l'armée française et de l'armée russe furent déterminées pendant le temps de l'armistice. Les articles suivans renfermaient les dispositions relatives à la négociation de paix définitive, et à l'échange des prisonniers.

Cet armistice fut ratifié dès le soir même par l'empereur Napoléon, et, dans la soirée du 25, la ville de Tilsit fut neutralisée; les cours de Russie et de Prusse y eurent leur logement.

vinces de cette monarchie, fut mis en mouvement.

Les îles d'Usedon et de Wollin étaient des points sur lesquels les Suédois pouvaient tenter un coup de main [1], on y jeta trois bataillons d'infanterie, une compagnie de sapeurs, une d'artillerie avec six bouches à feu, pour renforcer les troupes chargées de leur défense.

Quatre mille hommes, sous les ordres du général Rubi, furent destinés à garder les ouvrages de Colberg pendant tout le temps de l'armistice.

[1] Au commencement du mois d'avril, le maréchal Mortier, se disposant à marcher avec son corps d'armée pour aller faire le siége de Colberg, n'avait laissé qu'un cordon de troupes devant Stralsund, sous les ordres du général Grandjean, dont le quartier général était placé à Grimm. Le gouverneur de la place, le général Armfeld, ayant reçu des renforts, informé du mouvement qu'opérait le maréchal, sortit de Stralsund avec la plus grande partie de sa garnison, attaqua les troupes du général Grandjean, les força à repasser la Péene, et à prendre position à Anclam. D'un autre côté, les Suédois, protégés par une flottille de prames et de chaloupes canonnières, firent en même temps plusieurs débarquemens sur les côtes de la Poméranie prussienne, et particulièrement dans les îles d'Usedom et de Wollin, tandis que le gros de leur armée passait la Péene, et se portait en avant. Ces îles furent occupées par les Suédois jusqu'au moment où le maréchal Mortier, par sa marche rétrograde, punit leur insolence, les battit com-

L'artillerie, ses munitions et le reste des troupes employées au siége, se mirent en marche sous le commandement du général de division Loison, qui avait été chargé en chef des opérations du siége, après le départ du corps du maréchal Mortier (8e corps) pour se rendre à grandes journées sur la Péene.

La division Boudet, dont une brigade (celle du général Fririon) avait été détachée sur Colberg, pour presser la reddition de cette place, eut ordre de se réunir et d'exécuter également son mouvement vers la Péene.

La division Molitor reçut, de son côté, l'ordre de marcher en prenant la direction de la division Boudet, et d'arriver sur la Trebel.

Toute l'armée enfin, d'après les dispositions faites par le maréchal, devait, dans la journée du 12 juillet, se trouver en ligne, et occuper les positions suivantes :

La division Grandjean, qui était restée sur la Péene pour observer les mouvemens de l'ennemi, devait être réunie à Anclam, avec ordre de couvrir la rive droite de ce fleuve.

plétement, et, après avoir enlevé leurs magasins, força le baron d'Essen, qui venait prendre le commandement de cette armée battue et à moitie détruite, à demander la suspension d'armes du 18 avril, qui rendit ces îles aux Français.

La division Loison à Demmin, où elle devait passer la Péene.

La division Boudet à Gnoyen, par où elle devait entrer en Poméranie suédoise, et enfin la division Molitor à la hauteur de Riebentz, d'où elle devait forcer le passage de la Recknitz.

La réserve, commandée par l'adjudant-commandant Grundler [1], suivait le mouvement de l'armée, et avait l'ordre de passer à Loïtz.

Le parc d'artillerie de réserve devait se diriger par Freiland, Demmin, etc.

Le corps d'observation qui devait se trouver en ligne le 12 juillet, présentait seulement une force de trente-six bataillons d'infanterie, la plupart extrêmement faibles : sa force en cavalerie était de douze escadrons, presque tous incomplets.

Après avoir ainsi réglé les mouvemens de son armée, le maréchal Brune quitta Stetin le 11 juillet au matin, et vint établir son quartier général à Freiland ; l'état-major général y fut également établi. Le 12, il fut transféré, ainsi que l'état-major général, à Demmin, point le plus central des opérations de l'armée.

Le roi de Prusse ayant fait notifier au général Blucker, commandant ses troupes en Pomére-

[1] Aujourd'hui comte et lieutenant-général.

nie suédoise, par un de ses aides-de-camp, l'armistice conclu à Tilsit, avec ordre de se détacher de l'armée suédoise et de ne prendre aucune part à ses opérations, il fut passé, entre le général prussien et le général Grandjean, que le maréchal Brune avait autorisé à cet effet, une convention par laquelle les troupes de S. M. prussienne se retireraient à Wolgast et aux environs, jusqu'à ce qu'il en fût autrement ordonné, et qu'au traité de paix qui était sur le point de se conclure, on pût leur procurer des quartiers dans les états de cette monarchie.

Cette neutralité diminuait considérablement les forces de l'armée suédoise, et devait infailliblement influer pour beaucoup sur son moral [1]. Le roi Gustave n'en persista pas moins à vou-

[1] Le mécontentement le plus complet régnait parmi les troupes suédoises, qui ne regardaient plus la guerre entreprise par leur monarque que comme odieuse et contraire aux vrais intérêts de la Suède. Elles considéraient encore avec douleur qu'elles étaient sacrifiées par leur maître aux perfides desseins de l'Angleterre. Aussi ce mécontentement acquit-il plus de force lorsque la division anglaise qui avait été débarquée dans l'île de Rugen, fut subitement rembarquée par ordre de son gouvernement, dans un moment où il aurait dû faire tous ses efforts pour secourir son plus fidèle allié. Cette circonstance d'un si lâche abandon n'était point propre à rattacher les Suédois à une cause qu'ils ne pouvaient plus regarder comme celle de la patrie.

loir se mesurer avec les Français, et à se montrer le champion décidé d'une coalition qui était sur le point de se dissoudre.

LES FRANÇAIS PASSENT LA PÉENE, ET ENTRENT EN POMÉRANIE.

Le 13 juillet, le cops d'observation entra dans la Poméranie suédoise sur quatre points : Damgarten, Tribbesées, Demmin et Anclam ; la division Molitor tenant la gauche de la ligne, la division Boudet placée à sa droite, la division Loison au centre, et enfin la division Grandjean formant la droite de l'ordre de bataille.

Le passage de la Recknitz ne fut disputé par l'ennemi qu'à la division Molitor, qui cependant prit position le même jour à Bérenshagen. L'ennemi ne tint pas contre l'avant-garde de la division Boudet ; le pont sur la Trebel, qui avait été détruit, fut sur-le-champ rétabli, et la division vint prendre position le même jour en avant de Tribbesées.

L'avant-garde de la division Loison ayant passé la Péene à Demmin, sur le pont que les Suédois avaient commencé à rompre, et qu'il fallut rétablir, prit position sur le rideau qui se trouve en avant de ce fleuve.

La division Grandjean, après avoir effectué

son passage à Anclam, vint se placer en arrière de Greifswalde.

La réserve, commandée par l'adjudant-commandant Grundler, passa à Loïtz, et s'établit en avant de cette ville.

Les Suédois, dans la journée du 13, opposèrent peu de résistance : effectuant leur retraite sur tous les points, ils cherchèrent à resserrer leur ligne et à concentrer leurs forces.

Le 14, les divisions de l'armée française se remirent en mouvement dès le point du jour. Le général Molitor ayant rencontré l'ennemi à la hauteur de Martinshagen, le fit attaquer par les voltigeurs des 2e et 16e régimens d'infanterie de ligne, faisant partie de la brigade du général Castella, qui le poussèrent vivement sur Lobnitz et Redebas, où les Suédois s'étaient retranchés avec de l'artillerie, soutenue par neuf cents hussards.

Le poste de Redebas était extrêmement avantageux à l'ennemi, puisque, pour l'attaquer, il fallait déboucher par un défilé difficile à passer, au bout duquel se trouvait un pont rompu, que l'artillerie suédoise commandait et foudroyait de toutes parts.

Pour ne pas perdre de temps, et marcher parallèlement avec la division Boudet, le général Molitor fit attaquer ces deux positions par les mêmes voltigeurs des 2e et 16e régimens de ligne, soutenus de deux bataillons d'infanterie, et par la cavalerie qu'il avait à sa disposition.

Les Suédois furent complétement battus; forcés de se retirer, ils ne dûrent leur salut qu'à leur cavalerie, qui, par la grande supériorité du nombre, protégea la retraite de l'infanterie : elle s'effectua, en grande partie, sur des chariots bien attelés qu'on avait enlevés dans le pays.

La division Molitor poursuivit l'ennemi jusqu'au village de Putt, où elle dut s'arrêter, les Suédois, renforcés par des troupes sorties de Stralsund, occupant une excellente position en face et près du village de Lagendorff.

Avant d'attaquer l'ennemi dans cette position, et de chercher à le pousser sous les murs de la forteresse, l'intention du général Molitor fut de connaître la position du général Boudet, et de s'assurer de celle qu'il se proposait de prendre dans la soirée. Mais à peine eut-il écrit à cet officier-général, qu'il entendit à sa droite l'ennemi vivement canonner sur une tête de colonne qui débouchait; ce qui lui fit présumer que la division Boudet était aux prises avec lui et le repoussait.

Le général Molitor fit de suite porter sa division en avant, et, après avoir passé un défilé semblable à celui de Lobnitz, elle culbuta les

Suédois jusque sous les murs de Stralsund, et ne s'arrêta que lorsque le canon de cette place commença à l'atteindre. A huit heures du soir, cette division prit position à la gauche de la division Boudet, étendant la sienne jusqu'à la mer.

La division Molitor fit quelques centaines de prisonniers, parmi lesquels un maréchal-des-logis de hussards ; si elle eût eu plus de cavalerie, il était probable qu'aucun Suédois n'eût échappé. Dans quatre combats qui s'engagèrent, et qu'elle eut à soutenir dans la journée, cette division n'eut que quatorze hommes tués, et vingt-deux blessés par la mitraille. Elle perdit dix chevaux. L'ennemi eut à regretter beaucoup de monde, à en juger par le nombre de chariots chargés de blessés que l'on vit défiler.

Le général Boudet étant d'accord avec le général Molitor de marcher parallélement, les obstacles de Lobnitz et de Redebas dont on a parlé plus haut, entravèrent la marche de la division Molitor, et la division Boudet se trouva isolée dans le mouvement qu'elle avait exécuté dès le point du jour. Jusqu'à Steinhagen, elle ne rencontra que de petits postes qui se retiraient après avoir fait leur feu. Pour donner plus de rapidité à son mouvement, le général Boudet ordonna aux éclaireurs de ne point s'amuser à tirailler, ce qu'ils exécutèrent ponctuellement ; ils repoussèrent l'ennemi avec la plus grande vigueur.

Arrivé à Steinhagen, le général Boudet reconnut que l'ennemi avait concentré ses forces et pris position, appuyant sa droite à une forêt marécageuse, et sa gauche au lac de Séemuhl : les Suédois avaient profité d'un avantage que leur présentait une hauteur pour y placer leur artillerie, position qui formait le centre de leur ligne.

Pour arriver de Steinhagen à l'ennemi, il existait un défilé dont le débouché était exposé à tout son feu. Il n'y avait qu'un seul moyen d'attaquer les Suédois, c'était de front, car on ne pouvait manœuvrer sur leurs ailes. Six mille hommes d'infanterie, six cents hommes de cavalerie, paraissaient être leur force en évidence.

Le général Boudet fit pratiquer à la hâte un chemin pour placer, sur la gauche de la chaussée, deux pièces d'artillerie de son avant-garde, et ordonna au général Valori de disposer le 5e régiment d'infanterie légère en colonne à la tête du défilé, et de le porter avec rapidité sur l'ennemi. Ce régiment fut soutenu par le 56e de ligne, faisant partie de la même brigade.

Tandis que le général Boudet allait réunir toute son artillerie contre celle de l'ennemi, des deux pièces de son avant-garde arrivées sur le terrain, une fut démontée sur-le-champ, et les Suédois continuèrent à canonner vivement, jusqu'à ce que le 5e régiment d'infanterie légère fût à portée de la mitraille, à laquelle se joignit un feu de mousqueterie des mieux soutenus.

L'audace de nos soldats étonna tellement l'ennemi, que son infanterie fut culbutée sur-le-champ, et que l'artillerie ne parvint à s'échapper de la position que par l'appui de la cavalerie, à laquelle on ne pouvait en opposer qu'un très-petit nombre. Ce combat dura une heure; les troupes qui le soutinrent eurent cent vingt blessés et trente-sept morts. On compta, du côté des Suédois, cinquante morts et trente-trois blessés abandonnés sur le champ de bataille. Le 56e régiment de ligne, qui soutenait le 5e régiment léger, eut le regret de ne prendre qu'une faible part à cette affaire.

L'ennemi, après avoir abandonné la position de Steinhagen, qu'il regardait comme inexpugnable, fut poursuivi jusqu'au-delà de Regatz. Là, ses forces s'augmentèrent en raison des renforts qu'il reçut incontinent des troupes qui se trouvaient dans Stralsund.

Vers une heure de l'après-midi, un colonel, envoyé par le roi de Suède auprès du maréchal Brune, pour lui demander un armistice, se présenta aux avant-postes de la division du général Boudet, qui l'autorisa à se rendre au quartier général du maréchal, en lui observant néanmoins que les dispositions que manifestait le roi de Suède ne pourraient ralentir son mouvement.

Le colonel suédois, en faisant part au général Boudet de la peine que le roi son maître ressentait des pertes considérables que ses troupes éprouvaient, lui rapporta, entre autres particularités, que son souverain avait cru de son honneur de rompre l'armistice, mais qu'en agissant ainsi, son intention avait été de ne faire la guerre que vingt-quatre heures.

Le dessein du général Boudet étant de lier son mouvement avec celui de la division du général Molitor, il dut attendre que ce dernier lui eût donné, par son feu, quelque indication de sa position, qu'il ignorait absolument.

Vers les six heures du soir, l'ennemi fit entendre son canon à la hauteur du village de Putt. Le général Boudet, qui avait toujours tenu sa division prête à seconder les mouvemens du général Molitor, fut bientôt aux prises avec l'ennemi.

L'artillerie légère du 4e régiment, commandée par le brave capitaine Martinot, déboucha sur les Suédois. Tandis que le 56e régiment d'infanterie de ligne, formé en colonne et tenant la tête de la division, cherchait à percer leur centre, le 5e régiment d'infanterie légère les longeait sur leur droite, et la brigade du général Fririon, composée des 3e régiment d'infanterie légère et 93e de ligne, les tournait par leur gauche.

Par une semblable manœuvre, exécutée avec la plus grande précision, l'ennemi fut décontenancé, et il n'opposa plus qu'une faible résistance. L'artillerie légère profita de sa marche rétrograde pour l'écraser de sa mitraille, et lui rendre au triple tout le mal qu'il lui avait fait dans la matinée.

Ce mouvement aussi rapide que hardi força bientôt les troupes ennemies opposées à la division Molitor, à effectuer leur retraite pour n'être pas coupées; ce qui aurait eu lieu, sans un marais impraticable, espèce d'obstacle que l'on rencontre fréquemment dans ce pays. Les Suédois furent contraints de rentrer dans la forteresse de Stralsund, qui fit un feu continu pour soutenir leur retraite. Le soir, la division Boudet prit position en arrière de Lussow et de Ludershagen, se liant par la gauche à la droite de la division du général Molitor.

Les différentes affaires qui eurent lieu dans la journée du 14 font le plus grand honneur aux généraux Boudet et Molitor, ainsi qu'aux troupes qui combattirent sous leurs ordres, dont ils louèrent beaucoup la bravoure et le sang froid.

Quoique le roi de Suède commandât en face

du général Boudet, ses troupes n'en furent pas moins culbutées sur tous les points, et ce prince courut les plus grands risques; car si la cavalerie française, après les marches forcées qu'elle avait été obligée de faire, eût pu arriver à temps, l'ennemi se trouvait infailliblement coupé, et n'aurait pu rentrer dans Stralsund.

La division Loison occupa Grimm, où fut établi le quartier général du maréchal, ainsi que son état-major général.

Le même jour, la division Grandjean entra dans Greifswalde, après une faible résistance de la part des Suédois.

Le 15, dès l'aube du jour, la division Loison se mit en marche, se dirigeant directement sur Stralsund. Ayant rencontré à Woithagen l'ennemi, qui sortait de cette place, le général Loison le fit attaquer vigoureusement et le força à rentrer dans la forteresse. Enfin, cette division ayant complétement opéré sa jonction avec la division Boudet, la place de Stralsund se trouva entièrement investie par terre.

Le général Loison ne voulut négliger aucun des moyens qui pouvaient couvrir sa division et la mettre à l'abri de toute insulte de la part des Suédois : il ordonna aux voltigeurs du 2e régiment d'infanterie légère, italien, d'occuper un ravin très-rapproché de la ville, qui fut de suite enlevé : son occupation coûta vingt hommes tués et quinze blessés.

Le général Boudet fit porter, le même jour, la brigade du général Valori à Lussow, et occuper Ludershagen par celle du général Fririon. La division Molitor resta dans sa position de la veille, se liant, par sa droite, à la gauche de la division Boudet, et étendant sa gauche vers la mer.

Le quartier général du maréchal fut établi à Mutzow, d'où les ordres furent envoyés à MM. les généraux commandant les divisions, de faire camper les troupes en arrière du rideau circulaire qui borde la ville de Stralsund.

Ainsi fut terminée, en deux fois vingt-quatre heures, une campagne sur laquelle le roi de Suède avait fondé de si hautes espérances, dans laquelle l'avaient engagé l'or et la séduction de la cour de Londres, mais dont le mauvais succès devait infailliblement entraîner la perte de Stralsund et celle de ses états en Poméranie.

La place de Stralsund se trouvant investie, il s'agissait d'établir une contrevallation : pour la faire d'une manière régulière et convenable, le maréchal pensa qu'il fallait qu'au préalable les officiers du génie employés à chaque division fissent des reconnaissances particulières à ce sujet.

On donna, en conséquence, des ordres à M. le général Chambarliac, commandant l'arme du génie. En attendant le résultat de la reconnaissance, les généraux Loison, Boudet et Molitor furent invités à s'appuyer réciproquement par leurs ailes, et à se concerter pour l'établissement de cette contrevallation.

Le général Lacombe-St-Michel, commandant en chef l'artillerie, reçut, de son côté, l'ordre de faire arriver à Grimm, point de rassemblement du matériel de cette arme, toute l'artillerie de réserve et de siége qui avait suivi le mouvement de l'armée.

La division Grandjean fut chargée d'observer l'ennemi depuis Stralsund jusqu'aux îles d'Usedom et de Wollin, et les troupes de cette division furent disposées de manière à empêcher tout débarquement sur la côte, à la défendre de toute insulte de la part de l'ennemi, et à s'opposer à toute entreprise dans les haffs et les divers passages des eaux de la Péene, la Swine et les bouches de l'Oder [1].

Les divisions Loison, Boudet et Molitor fu-

[1] Les *haffs* sont des espèces de golfes formés dans les bouches de l'Oder et dans les eaux de la Swine et de la Péene, à leur embouchure. Toutes espèces de flottilles, de prames, chaloupes canonnières, bricks, corvettes et autres bâtimens de cet ordre peuvent entrer dans les haffs, et remonter facilement les bouches de l'Oder et les eaux des autres deux fleuves désignés.

rent employées au siége, sur trois points d'attaque. La réserve, aux ordres de l'adjudant-commandant Grundler, fut dissoute, et les corps qui la composaient répartis dans les divisions du corps d'armée.

Le grand parc d'artillerie de siége fut établi entre les fermes d'Engelswack et de Schenec-khagen.

Pour former l'entier blocus de la place de Stralsund par terre, le maréchal ordonna les dispositions suivantes : la droite de la division Loison fut portée à la mer, en avant de Woithagen, se liant à la droite de la division Boudet, dont le centre était appuyé au village de Putt, et sa gauche joignant la route de Barth au village de Grahenhoff, où elle était soutenue par la droite de la division Molitor, qui avait son centre placé en avant du village de Grossel-Klein-Kellenhagen, et étendant sa gauche jusqu'à la mer, par Drehenhoff. Telles étaient les dispositions de l'ordre de bataille au moment où le maréchal s'occupait sérieusement des moyens d'attaquer en règle cette forteresse.

SIÉGE DE STRALSUND.

Le siége de Stralsund, la première des places du nord de l'Allemagne, tant par sa position et la bonté de ses ouvrages, que par les secours qu'elle pouvait recevoir des îles d'Annholm et de Rugen, dont elle n'est séparée que par un bras du Sund, que couvrait la marine suédoise, étant définitivement résolu, il fallut réunir tous les moyens capables de l'attaquer dans les règles, afin d'en pouvoir poursuivre le siége avec quelque succès. Le maréchal s'en occupa entièrement.

Deux cents bouches à feu de gros calibre étaient nécessaires aux opérations de ce siége, et il fallait les tirer de fort loin : les ordres furent donnés pour leur réunion, leur transport et leur arrivée sous Stralsund.

Les munitions de guerre, les projectiles, les fers coulés et autres attirails, dont la consommation est immense dans un siége d'une telle importance, furent également demandés, et devaient sortir des places de la Poméranie prussienne.

On donna les ordres les plus précis pour faire arriver à Stetin toute l'artillerie qui avait été employée au siége de Colberg.

Le général gouverneur de Stetin reçut l'ordre de désarmer, au tiers, la place de Dam, comprise dans les défensives de celle de Stetin, et de diriger son artillerie, ainsi que celle qui devait arriver de Colberg, sur la place d'Anclam, d'où elle serait transportée sous Stralsund. Le reste de l'équipage du siége devait partir de Magdebourg [1].

Il fallait rassembler une quantité immense d'outils nécessaires aux travaux du siége : on fit venir de Colberg tous ceux qui avaient déjà servi au siége de cette place ; on tira de Stetin ceux qui pouvaient exister dans les magasins prussiens, et l'on ramassa enfin dans le pays ce que l'on put y trouver.

Il fallait encore confectionner et réunir des gabions, des fascines, des palissades et en général tous les matériaux propres aux travaux d'un siége. Douze cents travailleurs par division furent journellement employés, dans les forêts les plus voisines, pour la confection de ces divers objets, sans lesquels on ne pouvait rien entreprendre.

Le général Loison, chargé par le maréchal de la conduite du siége, fut remplacé, dans le commandement de la division de droite, par le général de division Pino, commandant les troupes du royaume d'Italie.

[1] On doit les plus grands éloges à M. le général de division Liebert, gouverneur de la place de Stetin, pour le zèle qu'il mit à seconder les vues du maréchal, et l'activité qu'il déploya dans la direction et la marche des équipages de siége et munitions de guerre, et dans l'envoi des vivres destinés à l'armée, qui lui furent demandés.

Le corps d'observation fut grossi par l'arrivée du 19e régiment d'infanterie de ligne, par celle des 19e et 23e régimens de chasseurs à cheval, par une compagnie du 5e bataillon de sapeurs et une du 5e régiment d'artillerie à pied, sortant toutes deux de Magdebourg, et ayant servi à l'escorte de l'artillerie de siége tirée de cette place.

On vit également arriver sous Stralsund le régiment des dragons de la reine, italien, et les régimens d'infanterie de LL. AA. II. les grands-ducs de Berg et de Wurtzbourg.

Une brigade de la division espagnole du marquis de la Romana [1], commandée par le maré-

[1] La division espagnole aux ordres du marquis de la Romana était forte de seize mille hommes, tant infanterie que cavalerie, dont douze mille partis d'Espagne avaient traversé la France, la Belgique et la Hollande, pour se rendre dans le Nord, et quatre mille étaient venus de l'Etrurie par l'Italie et le Tyrol.

Cette division fut cantonnée dans les provinces anséatiques, à l'exception de la brigade du maréchal-de-camp Kendellan, qui fut employée au siége de Stralsund.

A peine les événemens survenus en Espagne furent-ils connus du marquis de la Romana, qu'il trouva les moyens d'échapper à la surveillance des Français, et de s'embarquer avec son chef d'état-major O'donnel, aujourd'hui capitaine-général à Cadix, et la plus grande partie des officiers et soldats de son corps d'armée.

Le général Kendellan resta en France, et n'est point rentré en Espagne depuis cette époque.

chal-de-camp Kendellan, fit partie des renforts, ainsi que les divisions des troupes de LL. AA. RR. les grands-ducs de Baden et de Hesse-Darmstadt : la première aux ordres de M. le lieutenant-général comte de Closmann, la seconde commandée par M. le lieutenant-général comte de Werner.

Ces divers corps de troupes furent placés en ligne, à l'exception de celles de Baden et de Hesse-Darmstadt, dont on forma une réserve.

Le traité de paix conclu à Tilsit le 9 juillet, entre la France et le roi de Prusse, nécessitait l'éloignement des troupes de ce souverain de la Poméranie suédoise, et leur translation dans les états de sa monarchie. Le maréchal détermina des quartiers pour les troupes du général Bluc-ker, qui devaient se rendre dans les environs de Colberg, et cantonner dans le cercle de Greif-fenberg : elles reçurent l'ordre de partir de Wolgast et des environs, où elles se trouvaient, et de se mettre en marche pour rentrer en Prusse.

En faisant connaître au général prussien la ligne de démarcation qui servait de limite aux nouveaux quartiers qui lui étaient assignés, le maréchal l'invita à commencer de suite son mouvement, en dirigeant sa colonne par Lassan, Swinemunde, les îles d'Usedom et de Wollin, d'où elle devait arriver à sa destination.

TRAITÉ DE PAIX ENTRE LA FRANCE ET LA PRUSSE.

Le traité de paix entre la France et la Prusse fut signé à Tilsit le 9 juillet 1807, sous la médiation de l'empereur de Russie. Nous croyons devoir le transcrire ici tel qu'il fut adressé au maréchal :

« Art. 1er. Il y aura, à compter du jour de l'échange des ratifications du présent traité, paix et amitié parfaites entre S. M. l'empereur des Français et roi d'Italie, et S. M. le roi de Prusse.

» 2. La partie du duché de Magdebourg située à la droite de l'Elbe;

» La Marche de Prignitz, Luker-Marck, la nouvelle et la moyenne Marche de Brandebourg, à l'exception du Colbuser-Kreiss, ou cercle de Colbus, dans la Basse-Lusace;

» Le duché de Poméranie;

» La Haute, la Basse et la Nouvelle-Silésie avec le comté de Glatz;

« La partie du district de la Netze située au bord de la chaussée allant de Driesen à Schneidemühl, et d'une ligne allant de Schneidemühl à la Vistule par Woldan; là, en suivant les limites du cercle de Bromberg, Pomérélie, l'île de Nogath, les pays à la droite de Nogath et de la Vistule, à l'ouest de la Vieille-Prusse et au nord du cercle de Culm, l'Ermeland, et enfin le royaume de Prusse, tel qu'il était au 1er janvier 1772, seront restitués à S. M. le roi de Prusse, avec les places de Spandaw, Stetin, Custrim, Glogaw, Breslaw, Scheweidnitz, Neisse, Brieg, Kosel et Glatz, et généralement toutes les places, citadelles, châteaux et forts des pays ci-dessus dénommés, dans l'état où lesdites places, citadelles, châteaux et forts se trouvent maintenant.

» La ville de Graudentz avec les villages de Neudorf, Parschken, Swierkorczyn, seront aussi restitués à S. M. le roi de Prusse.

» 3. S. M. le roi de Prusse reconnaît S. M. le roi de Naples Joseph Napoléon, et le roi de Hollande Louis Napoléon.

» 4. S. M. le roi de Prusse reconnaît pareillement la confédération du Rhin, l'état actuel des possessions de chacun des souverains qui la composent, et les titres donnés à plusieurs, soit par l'acte de confédération, soit par les traités d'accessions subséquens.

» Promet sadite Majesté de reconnaître les souverains qui deviendront ultérieurement membres de ladite confédération, en la qualité qui leur sera donnée par les actes qui les y feront entrer.

» 5. Le présent traité de paix et d'amitié est déclaré commun à S. M. le roi de Naples Joseph

Napoléon, à S. M. le roi de Hollande, et aux souverains confédérés du Rhin, alliés de S. M. Napoléon.

» 6. S. M. le roi de Prusse reconnaît pareillement S. A. le prince Jérôme Napoléon comme roi de Westphalie.

» 7. S. M. le roi de Prusse cède en toute propriété et souveraineté aux rois, grands-ducs ou princes qui seront désignés par S. M. l'empereur des Français, roi d'Italie, tous les duchés, marquisats, propriétés, comtés, seigneuries, et généralement tous les territoires ou parties de territoire quelconque, ainsi que tous les domaines et biens fonds de toute nature que sadite Majesté le roi de Prusse possédait, à quelque titre que ce fût, entre le Rhin et l'Elbe, au commencement de la présente guerre.

» 8. Le royaume de Westphalie sera composé des provinces cédées par S. M. le roi de Prusse, et d'autres états actuellement possédés par S. M. l'empereur Napoléon.

» 9. La disposition qui sera faite, par S. M. l'empereur Napoléon, des pays désignés dans les deux articles précédens, et l'état de possession en résultant pour les souverains au profit desquels elle aura été faite, sera reconnue par S. M. le roi de Prusse, de la même manière que si elle était déjà effectuée et contenue au présent traité.

» 10. S. M. le roi de Prusse, pour lui, ses héritiers et successeurs, renonce à tout droit actuel ou éventuel qu'il pourrait avoir, 1° sur les territoires, sans exception, situés entre le Rhin et l'Elbe, et autres que ceux désignés en l'art. 7; 2° sur celles des possessions de S. M. le roi de Saxe et de la maison d'Anhalt qui se trouvent à la droite de l'Elbe; et réciproquement, tout droit actuel ou éventuel, et toute prétention des états compris entre l'Elbe et le Rhin, sur les possessions de S. M. le roi de Prusse, telles qu'elles seront fixées en conséquence du présent traité, sont et demeureront éteints à perpétuité.

» 11. Tous pactes, conventions ou traités d'alliances, patens ou secrets, qui auraient pu être conclus entre la Prusse et aucun des états situés à la gauche de l'Elbe, et que la guerre présente n'avait pas rompus, demeureront sans effet, et seront réputés nuls et non avenus.

» 12. S. M. le roi de Prusse cède en toute propriété et souveraineté au roi de Saxe le Colbuser-Kreiss, ou cercle de Colbus, dans la Basse-Lusace.

» 13. S. M. le roi de Prusse renonce à perpétuité à la possession de toutes les provinces qui, ayant appartenu au royaume de Pologne, ont, postérieurement au 1er janvier 1772, passé, à diverses époques, sous la domination de la Prusse, à l'exception de Lermeland et des pays situés à l'ouest de la Vieille-Prusse, à l'est de la Poméranie et de la Nouvelle-Marche, au nord du cercle de Culm, d'une ligne allant de la Vistule à Schneidemülh par Woldan, en suivant les limites du cercle de Bromberg, et de la chaussée allant de Schneidemühl à Driesen, lesquels, avec la ville et citadelle de Graudentz, les villages de Neudorf, Parschkeen et Swierkorczyn, continueront d'être possédés, en toute propriété et souveraineté, par S. M. le roi de Prusse.

» 14. S. M. le roi de Prusse renonce pareillement à perpétuité à la ville de Dantzick.

» 15. Les provinces auxquelles S. M. le roi de Prusse renonce par l'art. 13 ci-dessus, seront, à l'exception du territoire spécifié en l'art. 18 ci-après, possédées, en toute propriété et souveraineté, par S. M. le roi de Saxe, sous le nom de duché de Warsovie, et régies par des constitutions qui, en assurant les libertés et les priviléges des peuples de ce duché, se concilient avec la tranquillité des peuples voisins.

» 16. Pour les communications entre le royaume de Saxe et le duché de Warsovie, S. M. le roi de Saxe aura le libre usage d'une route militaire à travers les états de S. M. le roi de Prusse; ladite route, le nombre des troupes qui pourraient y passer à la fois, et les lieux d'étapes seront déterminés par une convention spéciale, faite entre leursdites Majestés, sous la médiation de la France.

» 17. La navigation par la rivière de Netze et le canal de Bromberg, depuis Driesen jusqu'à la Vistule, et réciproquement, sera libre et franche de tout péage.

» 18. Afin d'établir, autant qu'il est possible, des limites naturelles entre la Russie et le duché de Warsovie, le territoire circonscrit par la partie des frontières russes actuelles, qui s'étend depuis le Bug jusqu'à l'embouchure de la Lossona, par une ligne partant de ladite embouchure et suivant le Thalweg de cette rivière et le Thalweg de la Bobr jusqu'à son embouchure; le Thalweg de la Narew, depuis le pont Lusdel jusqu'à Suratz; de la Lissack jusqu'à sa source près le village de Mien; de l'affluent de la Nurzeck prenant sa source près le même village; de la Nurzeck jusqu'à son embouchure au-dessus de Nur, et enfin, le Thalweg du Bug, en le remontant jusqu'aux frontières russes actuelles, sera réuni à perpétuité à l'empire de Russie.

» 19. La ville de Dantzick, avec un territoire de deux lieues de rayon autour de son enceinte, sera rétablie dans son indépendance, sous la protection du roi de Prusse et du roi de Saxe, et gouvernée par les lois qui la régissaient à l'époque où elle cessa de se gouverner par elle-même.

» 20. S. M. le roi de Prusse et S. M. le roi de Saxe ne pourront empêcher par aucune prohibition, ni entraver par l'établissement d'aucun péage, droit ou impôt, de quelque nature qu'il puisse être, la navigation de la Vistule.

» 21. Les ville, port et territoire de Dantzick seront fermés, pendant la durée de la présente guerre maritime, au commerce et à la navigation des Anglais.

» 22. Aucun individu, de quelque classe et condition qu'il soit, ayant son domicile ou des propriétés dans les provinces ayant appartenu au royaume de Pologne, et que S. M. le roi de Prusse doit continuer de posséder, ne pourra, non plus qu'aucun individu domicilié, soit dans le duché de Warsovie, soit dans le territoire qui doit être réuni à l'empire de Russie, même en Prusse, être privé des biens fonds, rentes, pensions ou revenus, de quelque nature qu'ils soient, ni être frappé dans sa personne, dans ses biens, rentes, pensions et revenus de tous genres, dans ses rang et dignités, ni poursuivi, ni recherché en aucune façon quelconque, pour aucune part qu'il ait pu, politiquement ou militairement, prendre aux événemens de la guerre présente.

» 23. Pareillement, aucun individu né, ou demeurant, ou propriétaire dans les pays ayant appartenu à la Prusse, antérieurement au 1er janvier 1772, et qui doivent être restitués à S. M. le roi de Prusse, aux termes de l'art. 2 ci-dessus, et notamment les individus, soit de la haute bourgeoisie de Berlin, soit de la gendarmerie, lesquels ont pris les armes pour le maintien de la tranquillité publique, ne pourra être frappé dans sa personne, dans ses biens, rentes, pensions et revenus de tous genres, dans son rang et grade, ni poursuivi ni recherché en aucune manière quelconque, pour aucune part qu'il ait prise ou pu prendre, de quelque manière que ce soit, aux événemens de la guerre présente.

» 24. Les engagemens, dettes et obligations que S. M. le roi de Prusse a pu avoir, prendre et contracter, antérieurement à la présente guerre, comme possesseur des pays, territoires, domaines, biens et revenus que sadite Majesté cède, ou auxquels elle renonce par le présent traité, seront à la charge des nouveaux possesseurs, et par eux acquittés sans exception, restriction ni réserve aucune.

» 25. Les fonds et capitaux appartenant, soit à des particuliers, soit à des établissemens publics, religieux, civils ou militaires, des pays que S. M. le roi de Prusse cède, ou auxquels il renonce par le présent traité, et qui auraient été placés, soit à la banque de Berlin, soit à la société de la caisse maritime, soit de toute autre manière quelconque, dans les états de S. M. le roi de Prusse, ne pourront être ni confisqués, ni saisis; mais les propriétaires desdits fonds seront libres d'en disposer, et continueront d'en jouir, ainsi que des intérêts échus ou à écheoir, aux termes des obligations ou contrats passés à cet effet. Réciproquement, il en sera usé de la même manière pour tous les fonds et capitaux que des sujets ou établissemens publics de la monarchie prussienne auraient placés dans les pays que S. M. le roi de Prusse cède, ou auxquels il renonce par ce présent traité.

» 26. Les archives contenant les titres de propriété, documens et papiers généralement quelconques, relatifs aux pays, territoires, domaines et biens que S. M. le roi de Prusse cède, ou auxquels elle renonce par le présent traité, ainsi que les cartes et plans des villes fortifiées, citadelles, châteaux et forteresses situés dans lesdits pays, seront remises par des commissaires de sadite Majesté, dans le délai de trois mois à compter de l'échange des ratifications : savoir, à des commissaires de S. M. l'empereur Napoléon, pour ce qui concerne les pays cédés à la gauche de l'Elbe; et à des commissaires de S. M. l'empereur de toutes les Russies, de S. M. le roi de Saxe et de la ville de Dantzick, pour ce qui concerne les pays que leursdites Majestés et la ville de Dantzick doivent posséder en conséquence du présent traité.

» 27. Jusqu'au jour de l'échange des ratifications du futur traité de paix définitif entre la France et l'Angleterre, tous les pays de la domination de S. M. le roi de Prusse seront, sans exception, fermés à la navigation et au commerce des Anglais. Aucune expédition ne pourra être faite des ports prussiens pour les îles Britanniques, ni aucun bâtiment venant de l'Angleterre ou de ses colonies, être reçu dans lesdits ports.

» 28. Il sera fait immédiatement une convention ayant pour objet de régler tout ce qui est relatif au mode et à l'époque de la remise des places qui doivent être restituées à S. M. le roi de Prusse, ainsi que les détails qui regardent l'administration civile et militaire des pays qui doivent être restitués.

» 29. Les prisonniers de guerre seront rendus de part et d'autre, sans échange et en masse, le plus tôt que faire se pourra.

» 30. Le présent traité sera ratifié par S. M. l'empereur des Français, roi d'Italie, et par S. M. le roi de Prusse, et les ratifications en seront échangées à Kœnisberg, dans le délai de six jours, à compter de la signature, ou plus tôt, si faire se peut.

» Signé à Tilsit, par les plénipotentiaires des deux puissances, le 9 juillet 1807. »

Le général Rubi, dont le quartier général avait été transféré à Greiffenberg, fut prévenu des dispositions arrêtées par le maréchal pour les nouveaux quartiers des troupes prussiennes, et de leur marche sur Greiffenberg; il reçut en même temps l'ordre de passer avec toutes ses forces dans les îles, aussitôt que l'artillerie et les munitions qui se trouvaient encore sous Colberg seraient totalement évacuées. On prescrivit néanmoins à cet officier-général de laisser un détachement pour faire respecter la ligne de démarcation et entretenir libre la route militaire de Dantzick à Stetin, et celle de Stetin à Wollin.

Dès que les troupes prussiennes eurent évacué la place de Wolgast, elle fut occupée par des corps tirés de la division Grandjean, et l'on mit cette place, ainsi que toute la côte, dans un état de défense respectable.

L'établissement d'une ligne de contrevallation avait, comme on l'a déjà vu, fixé toute l'attention du maréchal, et dès qu'on fut pourvu d'outils nécessaires, il s'en occupa sans relâche. Elle fut formée par des redoutes ouvertes sur le front de chacune des trois attaques, et on appuya la droite et la gauche de cette ligne par de fortes batteries placées sur le bord de la mer, à l'effet d'éloigner les chaloupes ennemies, dont les feux pouvaient inquiéter singulièrement les travailleurs, et même leur faire beaucoup de mal. Ces batteries furent armées de pièces de 24 et d'obusiers de chasse; elles produisirent tout l'effet qu'on s'en était promis.

La place de Stralsund ne discontinua pas de faire feu sur les ouvrages de la contrevallation, qu'on poussa, malgré cela, avec la plus grande activité, en raison des moyens qu'on y employait. On s'attendit plusieurs fois à des sorties de la part de la garnison, qui était considérable; mais ce ne furent que de fausses alertes, car les Suédois ne firent aucune tentative pour chercher à enlever et détruire les ouvrages qui, chaque jour, s'élevaient sous le feu de leurs batteries.

Tous les bateaux et barques de pêcheurs qui se trouvaient dans les eaux du Dars pouvaient tomber au pouvoir de l'ennemi, qui n'eût pas manqué d'en tirer un grand avantage contre les Français; le maréchal voulut qu'on les réunît de suite, et qu'ils fussent conduits à Barth, où ils resteraient en dépôt jusqu'au moment où, d'après ses projets ultérieurs, on pût les utiliser.

CRÉATION D'UNE RÉGENCE POUR L'ADMINISTRATION DU PAYS.

Le maréchal Brune, guidé par sa prévoyance accoutumée, et tournant tous ses soins vers le bien-être de ses soldats, sur lesquels il veillait sans cesse comme un tendre père sur ses enfans, sentit qu'une autorité supérieure devenait indispensable pour l'administration du pays et l'entretien des troupes.

Pénétré de cette pressante nécessité, pour arrêter tout gaspillage, et ménager les ressources qu'offrait le pays, le maréchal, par un arrêté, créa une régence, composée de trente membres, choisis dans les trois ordres, parmi les personnages les plus notables et les plus distingués des provinces suédoises occupées par son armée, qui furent chargés d'administrer les revenus publics, et de pourvoir d'une manière uniforme et régulière à l'entretien de troupes françaises et alliées.

Cette régence fut de suite convoquée, et sa résidence fixée à Greiffswalde, où, après son installation, elle prêta serment entre les mains de M. le général Rostollant, chef de l'état-major général, délégué à cet effet par l'arrêté du maréchal.

Cette mesure conservatrice, aussi sage que

nécessaire dans la circonstance, mit l'armée à l'abri du besoin, et épargna aux Poméraniens une foule de vexations toujours inséparables du désordre et de l'anarchie.

S. A. le prince de Neufchatel, major-général, arriva au quartier général du corps d'observation le 28 juillet, et fit le même jour une reconnaissance sur les différens points d'attaque. Le 29, il passa en revue toute l'armée, et après avoir ordonné de diriger les troupes hollandaises sur Deventer, et les troupes espagnoles sur Hambourg, il partit le même jour pour Berlin.

Le général Loison, qui, par son infatigable activité, s'était fait remarquer au siége de Colberg, dont il commandait en chef les opérations, fut, le même jour de la revue du prince, frappé d'un boulet, qui lui fit une forte contusion au dos et le renversa de son cheval; le même boulet tua le cheval du colonel du génie Montfort, qui se trouvait près de lui. La contusion qu'avait reçue le général Loison était si grave et la douleur si violente, qu'il fut forcé d'aller passer quelques jours dans la ville de Greiffswalde, pour y rétablir l'état de sa santé, qui, devenue meilleure, le mit à même de rentrer sur la ligne et de reprendre son commandement.

M. le général de division Chasseloup, chargé de commander en chef l'arme du génie, et de suivre les opérations du siége de Stralsund, arriva devant cette place le 6 août. Ce général s'occupa de suite à faire les dispositions préparatoires et nécessaires pour l'ouverture de la tranchée, qui eut lieu dans la nuit du 15 au 16 août.

LES ANGLAIS ABANDONNENT LEURS ALLIÉS, ET SE DISPOSENT A SE REMBARQUER.

Les rapports des déserteurs ennemis nous apprirent que le cabinet britannique, fidèle aux principes de cette politique astucieuse qui est son unique mobile, avait donné ordre à toutes les troupes, soit de sa nation, soit à sa solde, qui se trouvaient dans Stralsund et l'île de Rugen, de se rembarquer, et que trois mille Anglais, qui faisaient partie de la garnison de cette forteresse, étaient déjà repassés dans Rugen.

Le point de rembarquement était Munckgutt. L'artillerie fut d'abord embarquée sur des bâtimens de transport; le reste des troupes suivit ce mouvement, et dès que la division fut à bord, la flotte quitta ces parages.

Ce départ, aussi brusque qu'inattendu, donna des inquiétudes pour les côtes de la Hollande et les villes Anséatiques, récemment réunies : pour prévenir toute surprise, on enjoignit aux troupes hollandaises qui faisaient partie de l'armée de se rendre à Deventer, et à la brigade espagnole du général Kendellan de rejoindre la division du marquis de la Romana à Hambourg. Ces précautions, quoique très-sages, devinrent cependant inutiles, car une puissance neutre devait être la victime de la duplicité anglaise.

Aussitôt que les traités de paix conclus à Tilsit, entre l'empereur des Français, l'empereur de toutes les Russies et le roi de Prusse, furent connus à Londres, le cabinet de Saint-James, qui, par suite de son système de machiavélisme, avait ourdi toutes les coalitions des puissances européennes contre la France, depuis le fameux traité de Pilnitz jusqu'à celui de Potsdam, dont le résultat, par une levée de boucliers aussi insensée qu'intempestive, mit la Prusse [1] à deux

[1] Par le traité de paix conclu à Tilsit, le roi de Prusse paya cher sa levée de boucliers contre la France, et la guerre impolitique où l'avaient engagé ses alliances et surtout l'or et les perfides insinuations de l'Angleterre. Il perdit plus de la moitié de son royaume : les provinces les plus fertiles en furent détachées pour agrandir et former d'autres états. Ceux mêmes d'entre ses alliés (la Russie) qui avaient le plus partagé son animosité contre la France, ne rougirent pas de prendre part à ses dépouilles. Les provinces qu'on lui laissa avaient été ruinées par la guerre; coupées par d'autres états, il n'y avait entre elles aucune connexité, et, par conséquent, presque aucun moyen de défense. Les places de guerre et les forteresses rendues aux Prussiens étaient sans armemens, les magasins et les arsenaux se trouvaient entièrement dépourvus; et si Frédéric-Guillau-

doigts de sa perte, et lui arracha une partie de ses plus belles provinces; le cabinet de Saint-James, disons-nous, qui jugea la partie qu'il avait engagée comme perdue, par la dissolution de la quatrième coalition, ne rougit pas de sacrifier son allié le roi de Suède, qu'il avait entraîné sur le grand théâtre de la guerre continentale, en le forçant à refuser une paix qui lui avait été si généreusement offerte.

La cour de Londres, à laquelle il fallait des entreprises moins périlleuses que celle de combattre les vainqueurs des Prussiens et des Russes, abandonna lâchement le souverain de la Suède à ses propres forces et à ses faibles moyens; retira la division anglaise qu'elle avait jointe à l'armée suédoise, et la dirigea contre une puissance qui était restée neutre au milieu de l'Europe en armes [1].

me conserva sa couronne, il la dut à la générosité de son vainqueur, qui, dans cette circonstance, lui donna une grande preuve de sa magnanimité.

[1] En 1800, la grande question des neutres ayant occasionné des démêlés entre les cabinets de Londres et de Copenhague, l'Angleterre envoya une forte escadre dans la Baltique pour faire renoncer le Danemarck à la neutralité, s'emparer de la flotte danoise et se rendre maîtresse du Sund. L'intervention de la Russie et de la Suède, l'attitude hostile de ces deux puissances, empêchèrent les suites d'une semblable agression.

Contre le droit des gens, et par la plus insigne mauvaise foi, trop commune de la part du

L'année suivante (1801), la confédération maritime des quatre puissances du nord, la Russie, la Suède, la Prusse et le Danemarck, contre le colosse maritime sous lequel l'Europe gémissait depuis long-temps, renouvela la querelle entre ces deux cabinets; et le gouvernement danois reçut du gouvernement britannique un *ultimatum*, portant que le Danemarck renoncerait sur-le-champ à la confédération maritime, et ouvrirait le passage du Sund à une escadre anglaise commandée par l'amiral Nelson. Ces conditions honteuses ayant été rejetées par la cour de Copenhague, Nelson força le passage, et vint mouiller en face de la rade. A la suite d'un engagement entre l'escadre anglaise, les batteries et les vaisseaux rasés des Danois, il fut conclu un armistice portant que le traité de neutralité armée serait suspendu, en ce qui concernait le Danemarck, pendant tout le temps que durerait cet armistice; que la marine et l'armée danoise resteraient dans l'état où elles se trouvaient au moment de la suspension des hostilités, et enfin que les vaisseaux anglais ne pourraient approcher à portée du canon des différentes îles et provinces du Danemarck, y compris Jutland.

Si donc, par les motifs que nous venons d'exposer, le cabinet de St-James ne put mettre à exécution, en 1800 et 1801, les projets qu'il avait formés sur le Danemarck, c'est-à-dire, s'emparer de la flotte et mettre ce royaume sous son vasselage, il sut, en 1807, se dédommager complétement de cet échec, et faire payer cher à une puissance paisible l'honorable résistance qu'elle avait eu le courage d'opposer aux perfides desseins d'un gouvernement aussi avide que déloyal.

gouvernement anglais, les hostilités commencèrent contre le Danemarck sans déclaration de guerre, et ce royaume se vit attaquer à l'improviste par l'expédition anglaise, au moment où, tranquille spectateur de la lutte sanglante qui ébranlait l'Europe, il se livrait à la plus parfaite sécurité, plein de confiance dans la foi des traités, et surtout dans la neutralité qu'il avait religieusement observée. Sa capitale, Copenhague, fut impitoyablement bombardée, les édifices publics et particuliers détruits de fond en comble, les arsenaux, les magasins entièrement ravagés: la flotte danoise, conduite dans les ports d'Angleterre, devint le prix de cette expédition impie. Surpris et sans défense, le roi de Danemarck dut souscrire à ces conditions humiliantes, et subir la loi du plus fort.

Ce ne fut pas là le premier coup d'essai de la tactique britannique. Il faudrait une plume plus exercée et plus vigoureuse que la mienne pour peindre toute la perfidie de ce gouvernement; laissons ce soin à l'impartiale histoire, qui retracera aux yeux de la postérité cette exécrable politique dont on ne trouve pas d'exemple dans les temps anciens, et qui passe toute croyance.

Pour être à même d'ouvrir la tranchée très-près de la place, le maréchal ordonna de repousser la ligne des factionnaires ennemis jusque sur les glacis. Cet ordre fut exécuté avec autant d'ordre et de précision que de sang froid et de bravoure. L'ennemi, après une résistance des plus opiniâtres et un feu des mieux soutenus, fut culbuté sur tous les points d'attaque. Malgré les fréquentes sorties qu'il tenta infructueusement, quoique sous la protection de sa mitraille, il fut sans cesse rejeté sur les glacis par la bonne contenance des troupes d'attaque, qui exécutèrent leur feu comme à la manœuvre, et la ligne des postes français fut établie sur le terrain qu'on avait désigné pour l'ouverture de la tranchée.

Cette expédition coûta aux Français soixante-huit morts et deux cent dix blessés, parmi lesquels quatre appartenant à la division Molitor, frappés sous les palissades de la place, tombèrent au pouvoir de l'ennemi. La perte des Suédois dut être considérable par la bonne direction et l'opiniâtreté du feu des troupes d'attaque, qui, malgré tous les efforts des assiégés, restèrent en possession du champ de bataille.

La ligne de contrevallation se trouvant achevée, les redoutes armées et l'artillerie destinée au siége arrivée, les préparatifs immenses pour un siége d'une telle importance touchant à leur fin, le maréchal choisit pour l'ouverture de la tranchée la nuit du 15 au 16 août.

Dans la soirée du 15, l'ennemi, contre son

ordinaire, avait marqué beaucoup d'inquiétude; il tirait sur les hommes isolés qu'il apercevait. Un moulin qui se trouvait en face de l'attaque du centre, lui donna de l'ombrage, et occupa particulièrement son attention. Il y jeta plusieurs artifices, qui y communiquèrent le feu. La tranchée s'ouvrit à la clarté que produisait ce moulin embrasé, à celle de plusieurs pots à feu, lancés principalement sur l'attaque de gauche, et par un clair de lune tel que peu de nuits en offrent de semblables dans le nord.

A dix heures et demie, six mille huit cents travailleurs, dispersés sur les trois attaques, étaient en pleine activité de travail. Les artifices lancés par les assiégés produisirent un effet tout contraire à celui qu'ils en attendaient: la clarté qu'ils avaient voulu se ménager par leur moyen éclipsant celle de la lune, faisait ressortir des masses d'ombre qui nous épargnèrent beaucoup de mal en trompant l'ennemi sur notre position réelle, et en lui dérobant tous nos mouvemens; aussi tira-t-il constamment au hasard et avec incertitude. L'attaque de droite ne fut point inquiétée; et sur trois cents coups de canon, bombes et obus que l'ennemi nous envoya, les deux tiers furent dirigés sur l'attaque de gauche, et l'autre tiers sur celle du centre. Les troupes avaient travaillé avec une telle activité sur les trois fronts d'attaque, qu'à trois heures du matin elles étaient à couvert. La tranchée présentait, dans certains endroits, plus de quatre pieds de largeur.

M. Le général de division Boudet, commandant les trois attaques, ordonna que les travailleurs fussent relevés avant le jour, par le motif que les boyaux de communication ne se trouvant point encore achevés, la quantité des travailleurs relevans et celle des relevés aurait donné infailliblement trop de prise à l'ennemi.

Lorsque, au jour, les Suédois aperçurent des masses de terre remuées autour d'eux, il y eut un mouvement général dans la place. L'ennemi fit alors un feu terrible, notamment sur les attaques de gauche et du centre, se bornant à tirer quelques coups de canons sur l'attaque de droite.

On distingua quarante-six bouches à feu servies avec beaucoup d'activité. Le feu se ralentit cependant vers les huit heures du matin; mais l'ennemi ne cessa de tirer sur l'attaque du centre. On compta plus de trois mille coups de canons et environ cinq cents bombes ou obus lancés sur la ligne des attaques françaises. Des tirailleurs, que le général Boudet avait fait placer en avant de la tranchée, inquiétèrent singulièrement les canonniers suédois, et dûrent leur faire beaucoup de mal. Ces tirailleurs n'eurent point à souffrir, par la précaution qu'on avait prise, de les faire blottir en terre, dans des trous préparés à cet effet.

A l'attaque de droite, la tranchée et ses communications furent ouvertes sur un développement de six cents toises de terrain assez bon; il n'y eut que dix hommes tués et seize blessés. Le développement de la tranchée et de ses communications, à l'attaque du centre, fut d'environ sept cents toises, mais sur un terrain extrêmement difficile. Il y eut, à cette attaque, cinq hommes tués et neuf blessés, dont plusieurs très-grièvement. Cinq cents toises, sur un terrain beau et facile à remuer, formèrent, à l'attaque de gauche, le développement de la tranchée et de ses communications. A cette attaque, treize hommes furent tués et vingt-six blessés.

On aura peine à croire qu'une tranchée ouverte devant Stralsund, qui, à juste titre, peut être considéré comme un des boulevards du nord de l'Europe, à moins de deux cents toises de la place en certains endroits, sans avoir établi de communications, n'ait occasionné qu'une perte de soixante-dix-neuf hommes, tant tués que blessés.

M. le général Severolli commandait l'attaque de droite; M. le général Fririon, celle du centre; M. le général Le Gay, celle de gauche.

MM. les colonels du génie Montfort, Lacoste et le major Rognat, destinés par M. le général de division Chasseloup, commandant en chef les opérations du siége, à diriger les travaux de l'arme du génie pendant le siége, furent attachés aux différentes attaques; savoir : le colonel Monfort [1], à l'attaque de droite; le colonel Lacoste [2], à l'attaque du centre; le major Rognat [3], à l'attaque de gauche.

De temps immémorial, dans toutes les guerres qui ont été entreprises ou soutenues par la France, dans les siéges à faire, le major-général de l'armée fait, avant l'ouverture de la tranchée, dresser un contrôle, par ancienneté, de tous les lieutenans-généraux et maréchaux-de-camp employés près des troupes assiégeantes, et les fait commander par tour de rôle pour monter la tranchée. Il en est de même des régimens; ils marchent entre eux par ancienneté et par bataillons, de manière que, si un bataillon du même régiment n'avait pas passé son tour de tranchée au siége où son régiment est employé, il le reprend au premier siége à faire, quand bien même ce ne serait pas dans la même campagne ni dans la même guerre.

[1] Aujourd'hui maréchal-de-camp.

[2] Tué en Espagne.

[3] Aujourd'hui lieutenant-général.

Dans la journée du 16, on s'occupa d'élargir et d'approfondir, à l'attaque de droite, toutes les parties de travail ouvertes pendant la nuit précédente. La communication partant de la redoute n° 7 fut peu avancée, par la raison que le terrain se trouvait fort dur. Pendant la nuit du 16 au 17, les travaux de la parallèle furent poussés au point d'être terminés le même jour. A l'attaque du centre, on élargit également, dans la journée du 16, la parallèle et ses communications. Dans la nuit du 16 au 17, la parallèle fut prolongée d'environ 140 toises, ainsi que la communication. On pratiqua un passage sur le canal, près de la maison brûlée, en s'épaulant contre la place; et des fascines furent placées dans la partie marécageuse de la parallèle. Les ouvrages qu'on avait entrepris à l'attaque de gauche, la nuit précédente, se trouvèrent perfectionnés dans la journée du 16. Pendant la nuit qui suivit, on ouvrit une communication à la batterie; la grande communication fut également prolongée de cent toises vers le moulin de la redoute n° 5. On commença la banquette de la première parallèle, et tous les ouvrages entrepris furent terminés dans le jour.

M. le général Pino, commandant les trois attaques, ordonna de couvrir par des traverses, à l'attaque du centre, et vis-à-vis de la redoute n° 3, un boyau de communication, que le feu de l'ennemi paraissait enfiler. La place tira, sur les ouvrages des différentes attaques, huit cent quatre boulets, bombes ou obus, et on eut à regretter vingt-trois hommes tués et dix-huit blessés.

Le 17, à deux heures du matin, un parlementaire se présenta aux avant-postes de l'attaque de droite; il fut conduit au quartier du maréchal, établi à Voigt-Hagen, et ramené, les yeux bandés, aux avant-postes suédois par le général Bonfanti.

Le même jour, un autre parlementaire se présenta à l'attaque du centre, porteur de dix ducats de la part du roi de Suède, pour être remis au soldat qui avait tiré sur lui à travers l'embrasure d'une batterie dans laquelle le roi se trouvait. Cette offre fut rejetée avec dédain, comme avilissante et indigne d'un militaire français.

Pendant que le premier parlementaire se trouvait au quartier général du maréchal, trois officiers suédois vinrent aux avant-postes de chaque front d'attaque, pour demander la cessation des travaux; mais ils ne furent pas écoutés, et les travaux se poursuivirent avec la même vigueur.

M. le général Bonfanti commandait l'attaque de droite; M. le général Nagel-de-Darmstadt, celle du centre, et M. Kendellan, général des troupes espagnoles, celle de gauche.

A l'attaque de droite, on travailla, pendant la journée du 17, à élargir la parallèle et ses deux communications, ainsi qu'à former les banquettes qui, pendant la journée du 18, pouvaient acquérir leur perfection. Dans la nuit du 17 au 18, on ouvrit sur la gauche une nouvelle branche de communication, dont l'accès fut moins exposé au feu de l'ennemi que celle qui arrivait par les redoutes n° 7 et 8. Au jour, on était à couvert partout, et cette branche présentait deux cents toises de longueur. A l'attaque du centre, on s'occupa, dans la journée du 17, à perfectionner, dans plusieurs parties, les parallèles et surtout les communications. Pendant la nuit du 17 au 18, on ouvrit le dernier retour de l'attaque de gauche, et, à l'extrémité droite de la parallèle, on commença une communication pour arriver à l'emplacement d'une batterie. L'épaulement et le pont sur le canal furent consolidés, et la partie marécageuse de la parallèle, perfectionnée.

On avait placé, en avant de cette parallèle et à distance de vingt pas, des tirailleurs cachés dans des trous, avec ordre de ne tirer que sur les canonniers, pour les inquiéter et empêcher leur feu sur les travailleurs. On perfectionna, à l'attaque de gauche, dans la journée du 17, la parallèle et ses communications; la longue communication fut prolongée de cent toises, et tous les travaux entrepris sur ce front d'attaque furent terminés au coucher du soleil.

Pendant la nuit du 17 au 18, on déboucha de l'extrémité de droite de la première parallèle, et on forma trois zigzags, ayant cent vingt toises de développement. L'ennemi chercha à inquiéter les travailleurs par un feu de mousqueterie; mais l'ouvrage ne fut point interrompu, et l'on approcha de la place d'environ soixante-dix toises.

On déboucha en capitale de la demi-lune, près de la route; on plaça des travailleurs, pour faire une descente dans le bas-fond, en avant du centre de la parallèle, et en profiter pour l'avancer vers la place. Les travailleurs ayant eu beaucoup à souffrir de la mitraille de l'ennemi, l'ouvrage cessa : il ne put recevoir que quatre-vingts toises de développement, et il ne fut possible d'avancer de ce point vers la place que d'environ trente-six toises.

M. le général Molitor commandait les trois attaques, sur le front desquelles l'ennemi fit par intervalles un feu très-vif, notamment sur celles du centre et de gauche. Il s'engagea, des palissades de la ville, une fusillade contre les tirailleurs placés en avant de la parallèle pour inquiéter les canonniers dans leurs batteries. L'ennemi nous envoya environ quinze cents boulets, bombes et obus. Cinq hommes furent tués et quarante-quatre blessés, parmi lesquels se trouvaient un officier du 5e régiment d'infanterie légère et un sergent de la 8e compagnie de mineurs, qui eut la jambe cassée en deux endroits et le coude gauche emporté.

M. le général Thouvenot commandait l'attaque de droite; M. le général Valori, l'attaque du centre, et M. le général Castella, celle de gauche.

A l'attaque de droite, on régala, pendant la journée du 18, le parapet sur tout le développement de la parallèle, et on forma son prolongement avec autant de soin qu'on aurait pu le faire pour le parapet d'une redoute. Pendant la nuit du 18 au 19, on élargit et l'on approfondit le boyau partant de la redoute nº 8, qui n'avait été qu'ébauché la nuit de l'ouverture de la tranchée, et on ajouta trois zigzags à la communication de droite. Pour arriver à un point d'où l'on put se trouver à l'abri du feu de la place, on dut prolonger cette communication de trois boyaux.

Pendant la journée du 18 au 19, on élargit

la parallèle et ses communications de droite et de gauche, à l'attaque du centre. Dans la nuit, pour arriver à l'emplacement d'une nouvelle batterie à la droite (celle de l'extrémité étant destinée aux mortiers), on ouvrit une communication d'environ quarante toises. On fit également deux zigzags, pour communiquer à la batterie de mortiers en arrière de la parallèle, dont les parapets, dans la partie marécageuse, furent épaissis : on fit encore un pont sur le canal qui traversait la communication de droite. Il fut impossible de prolonger la gauche de la parallèle, à cause du feu de mitraille et de mousqueterie de l'ennemi, qui était si vif qu'il fallut retirer les travailleurs ; car, sans cette précaution, une grande partie eût été tuée. A l'attaque de gauche, on acheva, pendant la journée du 18, les trois zigzags commencés la nuit précédente, et on perfectionna le débouché en capitale de la demi-lune sous un feu très-vif de l'ennemi. Pendant la nuit du 18 au 19, à dix heures du soir, on voulut placer des ouvriers aux chemineméns; mais le feu de l'ennemi, favorisé par la lune, devint si dangereux, que les travailleurs furent dispersés : on les ramena, une heure après, au travail, et on parvint, sur la droite, à prolonger les trois zigzags jusqu'à la route. On fit un quatrième zigzag, amorcé la veille, sur une étendue de quarante-six toises environ, et on se trouvait, sur ce point d'attaque, à cent toises des palissades.

M. le lieutenant-général de Werner, au service de S. A. le grand-duc de Hesse-Darmstadt, commandait les trois attaques. L'ennemi fit un feu très-vif, particulièrement sur les fronts d'attaque du centre et de gauche. On évalua les boulets, la mitraille, les bombes et obus qu'il envoya, au nombre de quinze cents. Il s'engagea une fusillade assez forte à l'attaque du centre, vers les neuf heures du soir, mais qui cessa bientôt après. On perdit sous le feu de l'ennemi vingt-quatre hommes tués; il y eut trente-trois blessés. Un soldat du quatrième régiment d'infanterie de ligne, italien, étant en chemin pour déserter à l'ennemi, fut tué par un chasseur de la même nation.

Dans la matinée du 19, on crut reconnaître que l'ennemi faisait passer des pièces d'artillerie de Stralsund dans l'île de Rugen.

Un officier suédois fit demander à l'officier français commandant les avant-postes de l'attaque de droite, la permission de retirer pendant la nuit ses sentinelles avancées, et de les replacer le matin; l'officier français répondit qu'il le laissait parfaitement libre de faire, à cet égard, ce qu'il jugerait convenable.

M. l'adjudant-commandant Ballabio commandait l'attaque de droite ; M. le colonel Grillot, celle du centre ; M. le général Visconti, celle de gauche.

A l'attaque de droite, les boyaux de communications ouverts pendant la nuit du 18 au 19 furent perfectionnés dans la journée du 19, ainsi que le boyau partant de la redoute n° 8, à gauche. Ce travail fut fortement inquiété par le feu du camp retranché de l'ennemi, et par celui de l'île d'Annholm. Un caporal de la 8e compagnie de mineurs posa courageusement des gabions à découvert, sous le feu le plus vif de la mitraille. On ne saurait trop citer des traits semblables, qui paraissent de peu d'importance, mais qui exercent pourtant quelquefois la plus grande influence sur le moral du soldat.

Pendant la nuit du 19 au 20, on joignit l'attaque de droite à celle du centre par un boyau partant du second, en avant de la redoute n° 8, et l'on fit achever le gabionnage dans les zigzags de communication de la droite. On finit, à l'attaque du centre, pendant la journée du 19, les communications et les parallèles, et on acheva pareillement deux petits zigzags, pour communiquer à la batterie du moulin.

La nuit du 19 au 20 fut employée à prolonger la gauche de la parallèle d'environ cent toises.

On fit aussi un pont sur le canal qui traversait la communication de droite, sur lequel on établit un épaulement en gabionnage, et on ouvrit, à l'extrémité de la communication de droite, deux zigzags, dont le dernier vint aboutir à la redoute n° 6.

A l'attaque de gauche, le cinquième zigzag de la communication de droite sur la capitale du demi-bastion, fut prolongé jusqu'à la route, que l'on coupa, et sur laquelle on ouvrit une amorce de la deuxième parallèle, d'environ vingt-cinq toises. On était, sur ce point, à environ cent cinquante toises des palissades.

La communication de gauche et la capitale de la demi-lune furent également prolongées d'environ quarante toises; mais le feu devint très-vif sur cette partie, depuis dix heures et demie du soir jusqu'à minuit. On prolongea la grande communication d'environ deux cents toises au-delà du moulin, afin que les troupes pussent arriver en plein jour sans être vues.

On doit les plus grands éloges à la conduite du sergent Magnian, de la 7e compagnie du 1er bataillon de sapeurs, ainsi qu'à celle du sergent Lorange, de la 5e compagnie du 3e bataillon de même arme, qui furent blessés grièvement, en déployant la plus grande bravoure pour encourager les travailleurs.

L'ennemi fit feu par intervalles sur les différens fronts d'attaque, mais son feu devint très-vif pendant la nuit, particulièrement sur l'attaque de gauche; il tira environ onze cents coups de canon. Il y eut dix-sept hommes tués et trente blessés.

M. de Closmann, lieutenant-général au service de S. A. R. le grand-duc de Baden, commandait les trois attaques.

M. le colonel Fontana commandait celle de droite; M. l'adjudant-commandant Grundler, celle du centre, et M. le colonel Chossat, celle de gauche.

Les Français déployèrent une si grande activité dans les travaux du siége de Stralsund; leur cheminement, sous le feu le plus vif de la place, et malgré plusieurs sorties vigoureusement repoussées, fut si rapide, et la marche progressive de leurs tranchées, si rapprochée des glacis, qu'au cinquième jour de l'ouverture de la tranchée, leurs batteries se trouvèrent armées, et les pièces, sur le point d'être démasquées.

Le roi de Suède, effrayé de nos progrès, qui semblaient tenir du prodige, commença à désespérer de pouvoir défendre la place. Redoutant l'impétuosité de nos guerriers, il n'osait s'exposer aux chances d'un assaut qu'il ne se sentait ni la force, ni le courage de soutenir. Il demanda donc d'entrer en pourparler avec le maréchal; mais la conduite antérieure de ce souverain, aussi déloyale qu'inconsidérée, n'inspirant plus aucune confiance pour l'avenir, le maréchal demanda à l'envoyé, avec une noble fierté, quelle garantie offrait la parole d'un prince qui se jouait aussi légèrement des conventions écrites. Ces paroles, jointes au mécontentement général de son armée, furent des motifs assez puissans pour déterminer le roi Gustave à évacuer Stralsund, et à se retirer dans l'île de Rugen avec ses troupes, sous le prétexte d'épargner aux habitans de cette ville les terribles effets d'un bombardement.

Dans la matinée du 20, un aide-de-camp du roi de Suède, le général Peyron, prenant la qualité de gouverneur de la ville de Stralsund, fit demander aux avant-postes à parlementer avec le maréchal Brune, et à lui présenter, dans la soirée, deux respectables magistrats de cette ville, si toutefois la proposition était acceptée. Le maréchal ayant fait répondre affirmativement, le général suédois et les deux magistrats se rendirent, en effet, au quartier général, établi à Andersdorff.

Après avoir annoncé au maréchal l'évacuation de la place par les troupes du roi, le général Peyron proposa une capitulation pour son occupation par l'armée française. Le maréchal répondit qu'une semblable demande était trop tardive pour être agréée ; puis s'adressant aux magistrats de Stralsund, il leur dit avec bonté que les habitans de leur ville pouvaient compter sur sa générosité, et qu'il leur prouverait que sa parole était beaucoup plus sûre que les conventions écrites que leur souverain ne se faisait point scrupule de violer; qu'il allait faire occuper cette malheureuse place abandonnée, et la placer sous la sauvegarde de la loyauté française.

Des ordres furent sur-le-champ donnés à des compagnies de grenadiers et de voltigeurs, de s'emparer de toutes les portes et d'occuper tous les postes de la ville, dont le commandement fut confié au général Thouvenot par le maréchal, qui y fit son entrée le jour même.

Dans l'évacuation de Stralsund, l'ennemi abandonna des magasins considérables, qu'il ne put transporter dans l'île de Rugen; et l'on trouva, sur les remparts de cette place, plus de cinq cents bouches à feu abandonnées : la plupart de ces pièces se trouvaient enclouées, et on avait porté la plus complète destruction sur leurs affuts. La quantité des projectiles en tout genre était considérable : on ne pouvait guère voir de places aussi grandement approvisionnées. Tels furent les avantages matériels qu'on retira de la prise de cette ville importante.

Il ne m'appartient pas de juger la conduite du roi de Suède dans l'évacuation de Stralsund. Le premier comme le plus saint des devoirs du commandant d'une ville assiégée fut toujours d'assurer, par une capitulation quelconque, le sort des habitans, quand la force des armes ou d'autres considérations le mettent dans la nécessité de rendre la ville confiée à son courage et à son honneur.

Dans tous les temps, comme dans tous les pays, on eût déclaré infâme un commandant qui, trahissant les lois de l'honneur et les devoirs sacrés de l'humanité, eût livré ses concitoyens à la fureur de l'ennemi. Nulle part, les fastes militaires n'offrent un semblable exemple. Mais de quel nom qualifier un prince qui, loin de se montrer le père de ses sujets, ne rougit pas d'en sacrifier une partie, en les abandonnant lâchement à la discrétion d'un vainqueur justement irrité, quand tous les soins et toutes les pensées d'un monarque vraiment digne de ce nom, ne doivent avoir pour but que la conservation et le bonheur de son peuple ?

La position dans laquelle leur propre roi avait jeté les habitans de Stralsund, pouvait devenir affreuse; mais, loin de ressentir les malheureux effets de l'occupation de leur ville, si honteusement délaissée par son propre souverain, ils n'éprouvèrent, de la part du maréchal Brune, que clémence et générosité.

La forteresse de Stralsund une fois occupée par les troupes françaises, il était important de la mettre à l'abri du feu de l'île d'Annholm, et de toute insulte de la part des chaloupes canonnières ennemies, qui pouvaient faire beaucoup de mal, et causer les plus grands dommages à cette ville; aussi le maréchal s'occupa-t-il sérieusement des moyens d'opérer un débarquement dans l'île, et de faire enlever ses forts. L'exécution de ce projet exigeait plusieurs choses indispensables pour l'entreprendre, et nécessaires pour en assurer le succès. Quelques marins et point de bâtimens (les Suédois, dans l'évacuation, ayant emmené tout ce qui se trouvait dans le port), voilà les ressources qui s'offraient pour une aussi importante opération : il fallait donc se créer des moyens pour agir.

Une reconnaissance, sur le front de la place, des batteries du port, de Lestran et enfin de celles dirigées contre les îles, fut ordonnée, et nous apprit que l'ennemi ne les avait pas plus ménagées, dans sa fuite, que les autres batteries de la place. Il semblait même s'être plus particulièrement attaché, indépendamment de l'enclouement des pièces, à porter, dans les affûts et autres attirails, un système de destruction plus complet que sur les autres points.

Pour agir offensivement et défensivement, on désencloua un certain nombre de pièces, et, au moyen de quelques rechanges, on les mit à même de faire feu. Le maréchal ordonna de dresser des batteries de mortiers : leur construction fut établie sur-le-champ.

Le 22 juillet, des ordres furent donnés à l'adjudant-commandant Allemand de se rendre à Barth, afin de transporter, par terre, toutes les barques et tous les bateaux des eaux du Dars qui s'y trouvaient réunis.

Pour seconder l'opération dont était chargé cet officier, on enjoignit à M. le général d'artillerie de faire partir sur-le-champ pour Barth toutes les voitures de paysans qui étaient au parc, avec six cents chevaux attelés ou non attelés. M. le général commandant le génie reçut aussi, de son côté, l'ordre de donner la même destination à celles qui se trouvaient à la disposition de son arme, et d'envoyer à Barth quatre cents chevaux.

M. le général de division Boudet fut invité à faire entrer dans Stralsund, le même jour, un bataillon du 3e régiment d'infanterie légère, que l'on destinait à l'expédition.

Malgré les difficultés sans nombre qu'éprouva,

dans sa mission, le colonel Allemand, il parvint néanmoins à faire retirer de l'eau les barques et bateaux qui se trouvaient à flot dans le port de Barth. Une certaine quantité fut chargée, et dirigée sur Stralsund, dans la nuit du 22 au 23; et dans la soirée du même jour, deux cents environ se trouvaient rendus dans cette place.

Le 23, vers les deux heures de l'après-midi, il s'engagea une forte canonnade entre les batteries des remparts de Stralsund et celles des canonnières ennemies, qui s'étaient avancées de très-près; mais le feu soutenu de nos pièces, et surtout sa bonne direction, les força à s'éloigner et à gagner le large; on en distingua très-bien une, que nos boulets avaient atteinte, et qui avait beaucoup souffert.

Le feu de l'île d'Annholm n'eut pas plus de succès, et les batteries dirigées contre cette île forcèrent bientôt l'ennemi à taire son feu.

Comme l'expédition projetée sur l'île d'Annholm devait s'exécuter dans la nuit du 24 au 25 août, tous les ordres furent donnés en conséquence, et les troupes expéditionnaires se trouvèrent rendues sur les différens points désignés pour l'embarcation. M. le général d'artillerie, d'après les instructions qu'il avait reçues, fit disposer tous les matériaux nécessaires pour établir une communication entre le camp retranché de Stralsund et l'île d'Annholm, aussitôt que les troupes de l'expédition s'en seraient emparé.

Pour s'assurer si le fort de cette île, qui a environ trois quarts de lieue de circonférence, était armé de pièces de gros calibre (car la veille il n'avait fait feu que de cinq pièces, encore étaient-elles de moyen calibre), M. le maréchal ordonna de le canonner vivement. Jamais feu ne fut exécuté avec plus de précision, on pourrait même ajouter, avec un succès plus complet: de toutes les batteries qui tiraient, il n'y eut pas un seul coup de perdu. Un obus, pendant l'action, mit le feu à un magasin à poudre du fort qui se trouve à la pointe occidentale de l'île, et, dans son explosion, ce magasin enleva dix-sept canonniers suédois, et mit plusieurs pièces hors de service.

Malgré les boulets, les bombes et les obus, qui pleuvaient sur le fort, l'ennemi faisait bonne contenance, et ripostait avec un calibre bien supérieur à celui de la veille; mais, après l'explosion, son feu se ralentit et devint presque nul. Les chaloupes canonnières ne prirent qu'une faible part à l'action, et tirèrent peu et de fort loin, n'osant pas s'exposer, comme la veille, au feu des remparts.

Cent soixante grandes barques ou bateaux

de pêcheurs étaient prêts et disposés sur trois points du port; ils reçurent et portèrent les troupes expéditionnaires dans l'île d'Annholm. M. de Montcabrié, capitaine de frégate de la marine française, était chargé de l'embarquement, de la direction des flottilles, et du débarquement des troupes dans l'île qu'on voulait enlever. Cet officier n'avait avec lui que cinq marins français, auxquels on avait adjoint cent rameurs de la division italienne. Tous les matelots ou rameurs qui se trouvaient dans les troupes furent également réunis; mais le nombre en était bien peu considérable. M. le général Fririon était chargé de commander et de diriger, dans leurs attaques, les troupes de débarquement. Il avait sous ses ordres le 2ᵉ bataillon du 3ᵉ régiment d'infanterie légère, un détachement de la 18ᵉ compagnie de mineurs, les 1ʳᵉ et 3ᵉ compagnies du 1ᵉʳ bataillon de sapeurs, une compagnie de sapeurs italiens, et enfin une compagnie de pontonniers de la même nation, chargés de diriger les radeaux pour établir une communication sur le canal, entre l'île d'Annholm et la côte opposée.

M. le chef-de-bataillon du génie Garbé [1], avec les officiers de son arme qu'il avait sous ses or-

[1] Aujourd'hui lieutenant-général.

dres, devait diriger les opérations du génie. MM. Bedos et Maillardoz, officiers de l'état-major général, avaient également l'ordre de s'embarquer, et de suivre, sous la direction de l'aide-de-camp chef-de-bataillon Vigier, les opérations de cette expédition.

A dix heures du soir, deux tiers des troupes désignées se trouvaient embarqués, et le reste suivait avec une activité incroyable, malgré les difficultés de l'embarcadère, et les obstacles d'un orage des plus affreux et d'une pluie qui tombait par torrens.

D'après les ordres donnés, l'expédition devait marcher en trois convois, les flottilles se suivant successivement et à peu de distance; un signal convenu annonçait le départ. C'est à ce signal que la première flottille sortit du port, vers les onze heures et demie du soir, et marcha sur l'île d'après la direction qui lui avait été donnée; elle arriva saine et sauve, sans même être aperçue, jusqu'à quelques toises du point de débarquement. A cette hauteur, la vedette marine la reconnut; elle alluma incontinent le fanal d'alarme, et donna l'alerte aux troupes de l'île et du fort. La générale y fut battue de suite, les troupes mises sur pied, et les canonnières commencèrent leur feu.

Dans une pareille position, les troupes de débarquement, ne consultant que leur courage, s'élancèrent aussitôt à la mer, gagnèrent le rivage, et gravirent l'escarpement en s'encourageant à l'envî par les cris, mille fois répétés, *en avant, en avant*. Les tambours battirent au même instant la charge. Parvenus au sommet de l'escarpement, les Français tournèrent le fort, qui est un ouvrage en terre dammée, de forme pentagonale, régulier, bastionné, fraisé et palissadé. Ce fort fut enlevé d'assaut, et l'on y fit prisonniers, avec le gouverneur de l'île, le major commandant l'artillerie et quatre-vingts canonniers ou soldats qui le défendaient.

Telle fut l'impétuosité des troupes assaillantes dans cette attaque, que les Suédois épouvantés ne purent tirer que quatre coups de canon; leur fusillade fut également chancelante et mal assurée.

On dut l'enlèvement du fort aux 1re et 3e compagnies du 3e régiment d'infanterie légère. MM. les capitaines de sapeurs eurent l'honneur d'y entrer les premiers.

Ce fort ainsi emporté et sa garnison prisonnière de guerre, les troupes de la première flottille débarquées, après y avoir laissé une sûre garde, se dirigèrent sur le bois qui se trouve vers le milieu de l'île, qui, comme nous l'avons déjà dit, a une circonférence de trois quarts de lieue environ.

Le débarquement des deux secondes flottilles, qui arrivaient successivement sous le feu et la mitraille des chaloupes canonnières ennemies, s'effectua avec ordre et célérité; les troupes expéditionnaires qu'elles portaient se réunirent à celles qui avaient déjà pris position dans le bois, marchèrent droit à l'ennemi, et l'attaquèrent dans deux redoutes qu'il défendait aux extrémités de l'île. Les Suédois y furent culbutés sur tous les points, et, après quelque résistance, on les reçut prisonniers. Un grand nombre d'entre eux se jetèrent à la mer pour gagner leurs canonnières; les Français s'y élancèrent aussitôt et en ramenèrent une grande partie.

Le résultat de cette expédition, préparée dans si peu de temps et avec de si faibles moyens, fut la prise de l'île, l'enlèvement de son fort et de ses redoutes; douze pièces de canon de gros calibre et cinq pièces d'artillerie de campagne tombèrent en notre pouvoir, ainsi que vingt-sept officiers, parmi lesquels on comptait le gouverneur et le major commandant l'artillerie, et six cent quatre-vingts sous-officiers et soldats, qui furent conduits prisonniers de guerre à Stralsund.

Les Suédois eurent cinquante hommes tués et soixante-quinze blessés. On ne compta, du côté des Français, que douze hommes tués et vingt-six blessés, dont la plus grande partie appartenait au 3e régiment d'infanterie légère.

Le capitaine de frégate de Montcabrié déploya, en cette circonstance, le plus grand zèle et des connaissances rares, dans l'embarquement, la direction des flottilles et le débarquement des troupes expéditionnaires; M. le général Fririon en dirigea les mouvemens avec beaucoup de talent.

M. le général de division Reille, aide-de-camp de l'empereur Napoléon, qui servait volontairement au corps d'observation pendant le siége de Stralsund, se conduisit, dans cette affaire, d'une manière à fixer l'admiration des soldats par sa prévoyance et sa bravoure. Inquiet sur le sort des troupes qui montaient la première flottille, après leur débarquement dans l'île, cet officier-général vole au camp retranché, fait établir une communication sur le chenal, et, au moyen des embarcations de la première flottille, il arrive dans l'île, à la tête des grenadiers et des voltigeurs du 1er bataillon d'infanterie légère, italien, pour renforcer l'expédition commandée par le général Fririon.

Le maréchal fut extrêmement satisfait de la conduite de tous les officiers qui faisaient partie de l'expédition, et de celle des soldats employés sous leurs ordres, qui, dans cette circonstance difficile, firent preuve de valeur et de sang froid. Il ne manqua pas d'appeler les grâces du gouvernement sur ceux d'entre eux qui s'étaient particulièrement distingués.

Il ne suffisait pas au maréchal Brune d'avoir soumis, en moins de deux mois, aux armes de l'empereur, la Poméranie suédoise, une des plus belles et des plus riches provinces de cette partie de l'Allemagne, tant par le commerce facile et avantageux que lui offraient les bords de la Baltique et du Sund, que par son industrie, la fertilité de son sol et son économie rurale; d'avoir pris Stralsund, un des boulevards du nord de l'Europe, place devant laquelle Charles XII employa trois mois de tranchée ouverte pour la soumettre; de s'en être assuré la paisible possession, en mettant cette forteresse à l'abri de toute insulte de la part de la marine suédoise, par l'enlèvement et l'occupation de l'île d'Annholm; il nourrissait d'autres projets, et le grand but qu'il se proposait n'était pas encore rempli. La prise de l'île de Rugen, la plus fertile de celles de la Baltique, et qui, sous tous les rapports, offrait de grandes ressources aux Français; l'éloignement de l'armée suédoise et l'évacuation des mers de la Poméranie et de Rugen par la marine de cette nation, entraient, sans aucun doute, dans le plan vaste, mais digne de celui qui l'avait conçu, que se proposait d'exécuter le général en chef du corps d'observation.

Pour tenter un débarquement aussi périlleux dans cette île, fortifiée sur tous les points, dont les côtes hérissées de canons, entourées par la marine suédoise, étaient défendues par l'armée de terre, que commandait, sous les ordres du roi, le général en chef baron de Toll, il fallait d'autres moyens que ceux qui avaient servi à la prise de l'île d'Annholm. Décidé cependant à tenter cette importante entreprise, le maréchal résolut de mettre en usage toutes les ressources qui étaient en son pouvoir, et de créer celles qui lui manquaient pour en assurer la réussite.

Il fit travailler sur-le-champ à la réparation de tous les bâtimens qui se trouvaient dans le port de Stralsund. L'adjudant-commandant Allemand, qui avait fait preuve d'un zèle et d'une activité dignes d'éloges, dans la prompte exécution de la mission dont il avait été précédemment chargé, dans laquelle il s'agissait de faire transporter, par terre, à Stralsund les bateaux et les barques qui se trouvaient à Barth, fut de nouveau chargé de faire arriver, dans cette dernière ville, tous ceux qui étaient réunis dans les eaux du Wolgast. Plusieurs milliers de chevaux, un nombre immense de voitures, furent mis à la disposition de ce colonel, et, sous peu de jours, on vit rassembler, dans le port de Stralsund, des moyens d'embarcation suffisans pour cinq mille hommes.

On construisit quatorze radeaux pour le transport de l'artillerie nécessaire; plusieurs pontons, solidement établis, furent armés de pièces de gros calibre, pour faire face aux chaloupes canonnières ennemies, faciliter le débarquement, et assurer enfin l'établissement des troupes.

Le bataillon des marins de la garde impériale venait d'arriver de Stetin à Stralsund, et devait, conjointement avec la marine aux ordres du capitaine de frégate Montcabrié, opérer le passage des troupes destinées à cette expédition, dont le jour de l'exécution, sans être précisément déterminé, n'était pas éloigné.

Une entreprise d'une si haute importance, si habilement concertée, et préparée en si peu de temps; des moyens capables d'en assurer le succès, aussitôt réunis qu'imaginés, étaient bien faits pour donner de l'inquiétude aux Suédois, qui, du bord opposé, voyaient les préparatifs des Français, et semblaient être les témoins de l'orage prêt à éclater sur eux. Dans une semblable circonstance, le roi de Suède, désespérant de pouvoir résister aux Français, qu'aucune difficulté n'arrêtait, dont les élémens même semblaient seconder les projets, ne pensa plus à défendre l'île de Rugen, où il s'était retiré avec son armée, mais bien à trouver les moyens de ramener ses troupes dans les états héréditaires de sa monarchie. Ce prince reconnaissant, mais trop tard, le mauvais effet des dispositions morales de ses soldats, dont la défection de ses alliés avait dessillé les yeux, et qui se voyaient sacrifiés sans aucun avantage pour leur patrie, se détermina à envoyer un parlementaire au quartier général français, pour entrer en arrangement.

Les propositions faites au nom du roi étaient de neutraliser l'île; mais le maréchal ayant refusé d'admettre une condition aussi illusoire, Gustave envoya à Stralsund le baron de Toll, général en chef de son armée, pour négocier avec le maréchal, et, à la suite des conférences qui eurent lieu à ce sujet, la convention suivante fut arrêtée et signée par les deux généraux en chef. Le roi de Suède vint lui-même la ratifier dans la place de Stralsund.

CONVENTION.

« Aujourd'hui, 7 septembre 1807, il a été convenu ce qui suit entre les soussignés :

» ART. 1er. L'armée suédoise évacuera l'île de Rugen, qui sera occupée par l'armée française.

» ART. 2. Après-demain, 9, à midi, l'armée française occupera, dans l'île de Rugen, le pays à l'ouest d'une ligne tirée de Gustow à Dramendorff.

» Art. 3. Dans huit jours, l'armée suédoise se retirera dans le Witow, le Jasmund et le pays à l'est de Dunzewitz à Putbus.

» Art. 4. Dans douze jours, Wittow et Jasmund seront évacués par l'armée suédoise.

» Art. 5. Dans vingt jours, l'armée suédoise se retirera dans le pays, à l'est d'une ligne tirée de Dolgen à Gobbin, et, dans un mois, elle aura évacué toute l'île de Rugen et celles de Ummatz, Hiddensée, Viln, Ruden et Greifswald-Oie.

» Art. 6. La marine suédoise évacuera les mers de Poméranie et de Rugen aux époques fixées pour l'armée de terre.

» Art. 7. Si, à l'époque de l'évacuation de l'île, il restait encore des malades, des effets ou objets militaires et des chevaux appartenant à l'armée suédoise, il restera des préposés de cette nation pour en avoir soin et accélérer leur départ.

» Art. 8. L'armée suédoise pourra faire fréter, de gré à gré, des bâtimens de transport dans les ports de la Poméranie.

» Art. 9. Les bâtimens appartenant aux ports de Poméranie et de Rugen, pour le transport de l'armée et de son matériel, seront fidèlement renvoyés le plus tôt possible, et ils seront escortés par la marine suédoise, de manière à ce que leur navigation ne puisse être troublée par qui que ce soit.

» Art. 10. Si, par des événemens de mer, quelque bâtiment, portant des troupes ou effets militaires, parti de Rugen, était jeté sur les côtes de cette île ou de la Poméranie, il lui sera donné assistance, et il sera considéré comme neutre.

» Fait double à Stralsund, les jour, mois et an que dessus. Signé G. P. baron de Toll, général de cavalerie, commandant les troupes suédoises dans l'île de Rugen.

» Maréchal Brune, commandant en chef l'armée de S. M. l'empereur des Français, roi d'Italie. »

Cette convention fut fidèlement exécutée par les deux hautes parties contractantes; mais la levée de boucliers qu'avait faite le roi de Suède pour servir les vues ambitieuses de l'Angleterre et seconder les efforts de la quatrième coalition, dissoute par le traité de Tilsit, coûta à ce souverain non-seulement la perte de toutes ses possessions en Poméranie, de ses îles dans la Baltique et le Sund, mais encore celle de sa couronne.

Dans une campagne qui dura moins de trois mois, le maréchal Brune acquit à la France une des plus belles provinces du nord de l'Allemagne, une forteresse importante qui avait coûté plusieurs mois de siége à Charles XII, des îles dans la Baltique qui offraient des avantages sans nombre. Il procura, en outre, la libre navigation des mers de la Poméranie, et le prolongement de la ligne de défense des provinces Anséatiques, récemment réunies à la France. Ces succès glorieux complétèrent dignement les conquêtes de la Grande-Armée pendant cette campagne mémorable, et ajoutèrent un nouveau lustre aux talens militaires du maréchal.

NOTICE

SUR LE MARÉCHAL BRUNE.

Issu d'une famille de robe, Guillaume-Marie-Anne-Brune naquit le 13 mars 1763, à Brives, petite ville agréablement située dans la ci-devant province du Limousin, aujourd'hui chef-lieu de sous-préfecture du département de la Corrèze. Son père, Etienne Brune, avocat en parlement, et Jeanne Vielbans-du-Mailhard, sa mère, prirent un soin particulier de son enfance et de son éducation : ils l'envoyèrent de bonne heure au collége de Brives, où il commença ses études, sous les Doctrinaires, qui en avaient la direction [1].

Lorsqu'il eût terminé ses humanités, ses parens l'envoyèrent, en 1785, à Paris, où il se livra à l'étude du droit. La révolution arrivée en France électrisa sa jeune ame comme celle de tous les Français : il s'enrôla dans la garde nationale parisienne, et fit partie de la compagnie des grenadiers du bataillon des Cordeliers.

L'école de droit fut fermée : Brune acheta alors une imprimerie ; mais un goût décidé pour les armes lui fit bientôt abandonner son établissement pour embrasser la carrière militaire, pour laquelle il se sentait une vocation irrésistible. Entré, en 1791, dans le 2e bataillon des volontaires de Seine-et-Oise, en qualité d'adjudant-major, il passa rapidement au grade de capitaine-adjoint aux adjudans-généraux, et fut

[1] Corps enseignant qui avait plusieurs colléges, notamment l'école militaire de la Flèche, en Anjou.

élevé à celui d'adjudant-général chef de brigade le 12 octobre 1792.

Promu au grade de général de brigade le 18 août 1793, il fut chargé, en septembre de la même année, d'organiser, dans la Gironde et les départemens circonvoisins, une armée contre Bordeaux, qui s'était déclaré pour le parti fédéraliste. Laissant son armée, levée à la hâte, aux portes de cette riche capitale, Brune entra seul dans Bordeaux, et ne le traita pas comme Lyon fut traité; car sa modération et sa prudence garantirent cette ville des maux incalculables dont elle était menacée.

Les représentans du peuple Isabeau et Tallien, en mission dans ce département, qui étaient loin d'approuver une semblable modération, dénoncèrent Brune à la convention nationale. Le comité de salut public ordonna qu'il serait arrêté et traduit à la barre de la convention, pour y rendre compte de sa conduite; mais instruit à temps de cette mesure révolutionnaire, d'ou dépendait sa tête, il quitta Bordeaux dans la nuit du 23 au 24 décembre 1793, emportant l'estime et les regrets de tous les citoyens honnêtes, et, à la faveur d'un déguisement, se rendit à pied à Paris, où il resta caché jusqu'après le 9 thermidor an 4.

Après cette journée, qui rendit tant de victimes du régime de la terreur à la liberté, Brune fut envoyé à l'armée d'Italie, où il parut avec distinction. Les services signalés qu'il y rendit le firent bientôt remarquer du général en chef Bonaparte, qui le nomma général de division sur le champ de bataille de Rivoli, où il avait enlevé l'artillerie de l'ennemi et reçu sept balles dans ses habits, sans être blessé. Le gouvernement confirma cette nomination le 7 décembre 1797.

Le 11 janvier 1798, il fut investi du titre d'ambassadeur de la république près S. M. le roi des deux Siciles; mais il ne put remplir cette honorable mission : le 17 du même mois, il reçut l'ordre d'entrer en Suisse (*a*), à la tête d'une division de l'armée d'Italie (*b*).

Dans les premiers jours de février, son corps d'armée couvrait le territoire helvétique, et marchait sur Fribourg. Malgré la plus opiniâtre résistance, cette place fut enlevée d'assaut. Le pillage, toléré par les lois de la guerre en pareille circonstance, fut défendu. Le général Brune fit observer la plus sévère discipline, et sa modération, au milieu de la victoire, fit l'admiration des vaincus. Les personnes et les propriétés furent aussi religieusement respectées que si la ville se fût rendue par capitulation. Il renvoya les prisonniers sur parole, et des larmes de joie attestèrent leur reconnaissance.

A la suite de plusieurs combats sanglans, où brilla dans tout son éclat la valeur française, et qui firent preuve de la noble résistance des Suisses combattant pour leur indépendance et défendant le sol de la patrie, le général Brune entra dans Berne, et s'y montra également magnanime et généreux. Son premier soin fut d'ordonner que les scellés fussent apposés sur toutes les caisses publiques. Cette mesure conservatrice fut exécutée par le commissaire-ordonnateur en chef de l'armée (Rouhière), en présence du commissaire des guerres en chef du canton de Berne (Jenner), qui fut constitué gardien des scellés; mesure dont le général en chef rendit aussitôt compte au directoire, ainsi que de ses opérations militaires (*c*).

Appelé au commandement en chef de l'armée d'Italie le 8 mars 1798, et remplacé dans celui d'Helvétie par le général Schawenbourg, Brune rendit au directoire exécutif un compte exact de ses opérations et de son administration pendant le temps de son commandement. Il fit connaître à son successeur les points les plus importans à occuper, et le mit au courant de tout ce qui devait l'intéresser sous les rapports de l'administration du pays qu'il allait commander. Il adressa, en outre, au commissaire du directoire près l'armée française en Helvétie, les divers réglemens qu'il avait cru devoir faire suivant les circonstances et d'après les ordres qu'il en avait reçus du gouvernement, et partit enfin pour Milan (*d*).

Le général Brune prit le commandement de l'armée d'Italie sous les auspices les plus malheureux, et dans le moment le plus critique. Le génie qui avait exilé Bonaparte en Egypte servit mieux la maison d'Autriche en Italie que toute la force des armes de cette puissance. D'un côté, le directoire venait de destituer en même temps les deux généraux qui commandaient les Français dans cette péninsule : mesure d'autant plus impolitique, que Joubert et Championnet, parfaitement unis d'intention, et réunissant également la confiance du soldat, se préparaient à attaquer les Impériaux, postés sur l'Adige, aussitôt que le congrès de Rastadt serait rompu, et que leur supériorité marquée sur les Autrichiens faisait présager les succès les plus éclatans; de l'autre, la république cisalpine se trouvait alors sous la dépendance la plus servile; et le directoire, loin de lui faire sentir son influence, en lui accordant les bienfaits d'une sage liberté, ne lui laissait, au contraire, qu'un fantôme d'existence politique, pour en tirer les ressources dont il avait besoin. La constitution que Bonaparte avait donnée aux Cisalpins, rédigée à la hâte et dans le tumulte des camps, offrait, à la vérité, des imperfections que ce général avait senties lui-même ; mais il avait remis à des temps ultérieurs le soin de les faire disparaître. Si donc la politique permettait au gouvernement français d'insinuer la nécessité des réformes, elle ne pouvait, sans danger, l'autoriser à les faire opérer par ses ambassadeurs; car au peuple cisalpin seul appartenait le droit d'apporter a sa constitution les modifications et les changemens qu'il jugerait convenables. En s'écartant d'une réserve aussi sage que légitime, qui devait être la régulatrice de sa conduite, le directoire se fit beaucoup d'ennemis parmi les peuples de l'Italie, qui disaient hautement qu'il voulait avoir en Italie des esclaves plutôt que des amis, et prépara par-là les malheurs qui accablèrent les Français dans cette désastreuse campagne.

Dès son arrivée à Milan, Brune sentit tous les dangers d'une pareille innovation; il fit sur-le-champ un voyage à Paris, pour en exposer toutes les conséquences au directoire, qui, malgré les plus vives représentations de ce général en chef, n'en persista pas moins dans sa conduite imprudente.

Bientôt un mécontentement général se fit ouvertement sentir de toutes parts, et pouvait avoir les suites les plus funestes. Brune, pour éviter une subversion totale, détruisit la constitution faite par l'ambassadeur Trouvé, et renouvela le directoire et le corps législatif cisalpins. Ce changement fut accepté par les assemblées primaires.

Bientôt après, Brune passa au commandement de l'armée de Hollande, et fut remplacé à celle d'Italie par le général Joubert. Il dut recevoir avec plaisir la nouvelle de ce changement, qui lui épargna la douleur d'être le témoin de l'esprit de murmure et d'insubordination qui, au milieu de la confusion générale, s'empara bien vite de l'armée, et qui l'éloigna d'un pays où les différentes variations survenues après son départ ne firent qu'exaspérer tous les genres de passions dans ces malheureuses contrées, en augmentant l'embarras des circonstances.

Si, dans cette guerre, les armées françaises éprouvèrent des revers, tant sur le Rhin qu'en Italie, on doit les attribuer à l'esprit de domination que voulut exercer le directoire, à ses tergiversations, et aux mauvaises dispositions de son plan, dont le succès le plus complet eût à peine justifié l'impéritie et la témérité; car la campagne, qui aurait dû commencer en Italie, où les Autrichiens pouvaient être écrasés facilement, s'ouvrit en Allemagne, lorsque les armées impériales étaient très-supérieures dans cette partie du théâtre de la guerre.

Le général Brune, promu au commandement de l'armée de Hollande, par arrêté du 15 octobre 1798, se rendit à sa nouvelle destination. Après avoir donné des preuves multipliées de son courage et de ses talens militaires en Italie et en Suisse, ce général avait besoin de les renouveler en Hollande, où l'imminence des dangers que courait la république batave, avait fait placer sous ses ordres les troupes hollandaises (*e*). Vingt-trois mille hommes environ, Français et Bataves, disséminés sur différens points du territoire de cette république, menacée d'une invasion étrangère, étaient alors les moyens mis à sa disposition pour la défense du pays.

La flotte, commandée par l'amiral Story, sincèrement attaché au gouvernement républicain, forte de neuf vaisseaux de ligne, quatre frégates et quelques corvettes, se trouvait mouillée au Texel; mais on ne pouvait raisonnablement compter sur la fidélité du plus grand nombre des officiers et des matelots, gagnés par les Anglais, et qui n'attendaient que l'occasion pour se déclarer partisans de la maison d'Orange (*f*).

Trente mille Anglais et vingt mille Russes, sous le commandement du duc d'Yorck, formaient l'armée expéditionnaire chargée de l'invasion, et se trouvaient en vue des côtes de la Hollande, pour y effectuer un débarquement. Pour comble de malheur, la nation batave était divisée en trois factions, qui ajoutaient encore au danger des circonstances dans un péril si imminent, et la compression des mécontens n'était pas une des moindres difficultés qu'eût à surmonter le général Brune pendant le cours de la campagne (*g*) ; car elle exigeait, de sa part, la plus délicate circonspection.

Rallier tous les partis, remonter l'esprit public, appeler les Bataves sous les drapeaux de la patrie, réorganiser l'armée, activer des préparatifs de défense capables de faire échouer l'ennemi dans ses projets de conquête (*h*), furent les premiers soins de ce général. Ignorant encore sur quels points l'armée combinée effectuerait son débarquement, la Zélande fixa particulièrement son attention, comme la partie la plus exposée. Les troupes françaises y furent cantonnées ; et deux faibles divisions de troupes hollandaises couvrirent la Nord-Hollande et les provinces de l'est. Telles furent, en attendant l'arrivée des renforts promis par le gouvernement français, les premières dispositions faites pour s'opposer aux entreprises de l'ennemi et résister à ses efforts.

Vingt mille coalisés, débarqués à la pointe du Helder, s'emparèrent, après la plus vive résistance, des batteries qui défendaient ce poste important, dont la possession leur ouvrait l'entrée du Texel, et les rendait maîtres de la plus grande partie de la Nord-Hollande. Le général Brune dut alors changer son premier plan de défense : il se rendit sur-le-champ dans la West-Frise, à la tête d'un corps de grenadiers, pour renforcer les troupes attaquées, et après avoir concentré sa petite armée en avant d'Alkmaar, il résolut d'attaquer l'ennemi, quoique avec des troupes bien inférieures en nombre, avant qu'il eût pu réunir ses forces. Si l'attaque du 9 septembre, où notre armée fit des prodiges de valeur n'eut pas de succès, la bataille de Bergen, gagnée sur le duc d'Yorck, le 19 du même mois, malgré le grand avantage que donnait à l'armée anglo-russe la supériorité du nombre, atteste les excellentes dispositions faites par le général français, et le mâle courage de ses troupes, qui s'y couvrirent de gloire. Quatre mille cinq cents hommes tués, blessés ou prisonniers, dont trois mille Russes et quinze cents Anglais, sept drapeaux, vingt pièces de canon, six obusiers, vingt-quatre voitures d'équipages, deux cents chevaux d'artillerie et quatre mille fusils, furent les heureux résultats de cette mémorable journée, dont l'issue calma l'effroi général causé par les premiers succès des ennemis, et dissipa les vives inquiétudes des patriotes, qui purent espérer de conserver le territoire de la république, par le zèle et le dévouement de l'armée de terre, le courage et l'énergique appui des Français, quoique la trahison, plus encore que la lâcheté des équipages, eût causé la ruine de la flotte nationale.

Après la bataille de Bergen, toujours inférieur en nombre, et attendant avec impatience les renforts qui lui venaient de la Belgique (*i*), le général Brune s'affermit dans ses positions, et ajouta à ses moyens matériels de défense. Aussi la bataille d'Alkmaar (2 octobre), celle de Kastricum (8 octobre), où il eut deux chevaux tués sous lui, et pendant laquelle les Anglais et les Russes furent mis plusieurs fois en déroute, et perdirent quatre mille hommes avec un matériel immense, apprirent-elles au duc d'Yorck ce que peuvent faire des soldats qui combattent pour la liberté de leur pays.

Ces deux batailles, où l'armée franco-batave s'immortalisa, sont un des plus beaux titres de gloire du général Brune, et lui ont acquis des droits éternels à la reconnaissance des Hollandais, puisqu'elles sauvèrent leur république de la domination étrangère, et firent renoncer l'ennemi à ses projets de conquête.

La perte de la bataille de Kastricum avait placé l'armée du duc d'Yorck dans la position la plus difficile : elle se voyait acculée à la mer, ne pouvant recevoir de vivres que de la flotte, et elle courait, en outre, les plus grands dangers, forcée qu'elle était de se rembarquer en présence d'un ennemi vigilant et victorieux. Cet état de choses détermina le prince anglais à demander une capitulation pour la libre retraite et le rembarquement des débris de son armée. Cette demande dut être accueillie par le général Brune, eu égard aux avantages résultant de la prompte évacuation de la Hollande par une armée ennemie, qui, d'un moment à l'autre, pouvait être puissamment secourue. En conséquence, la capitulation demandée fut arrêtée et signée, le 18 octobre 1799, par les généraux Knox, du côté des Anglo-Russes, et Rostolant, de celui des Franco-Bataves.

Cette capitulation forcée du duc d'Yorck (*k*) anéantit les projets de la cour de Londres, qui s'était flattée de conquérir la Belgique après avoir remis les provinces bataves sous le joug du stathouder, et de porter la guerre jusqu'aux portes de Paris. En rappelant les échecs que ce même prince avait déjà essuyés, en 1793 et 1794, sur le continent, la triste issue de cette expédition le livra aux sarcasmes de la nation anglaise, ainsi que le ministre Pitt, qui avait eu l'audace inconsidérée d'assurer au parlement britannique que la conquête de la Hollande serait le prélude de la chute de la république française. Le maréchal Brune, au contraire, fut, à juste titre, regardé comme le sauveur de ce pays; et cette belle campagne, si heureusement terminée par la prudence et les talens de ce général, le couvrit d'une gloire impérissable, qui fut toujours le but de ses nobles travaux.

Le 23 décembre 1799, nommé, au conseil d'état, président de la section de la guerre, le général Brune, dans ce poste honorable, déploya les connaissances d'un homme d'état et l'expérience d'un administrateur consommé. Là, il acquit de nouveaux droits à la reconnaissance de l'armée, qui fut toujours l'objet de sa plus vive sollicitude, en s'occupant avec un zèle infatigable de ses besoins.

Brune, que sa campagne de Hollande avait placé au rang des plus grands capitaines, fut chargé, au mois de janvier 1800, par Bonaparte, du commandement de l'armée de l'Ouest, et de la mission délicate de pacifier ces pays révoltés, ou d'employer, s'il le fallait, tous les moyens de rigueur, qui ne marchent que trop avec les horreurs de la guerre, pour détruire promptement ce vaste incendie, et ne lui laisser aucun moyen de renaître de ses cendres dispersées.

Le gouvernement ne pouvait remettre en des mains plus habiles les intérêts de la patrie, ni confier à un citoyen plus sage le destin de ces malheureuses provinces. La conduite modérée, mais ferme en même temps, que le maréchal Brune, entouré de factieux, de traîtres et des troupes anglo-russes supérieures en nombre, avait tenue au sein des Provinces-Unies, conduite qui lui avait mérité la reconnaissance des Hollandais et l'estime des ennemis eux-mêmes, était un sûr garant de la réussite des efforts qu'il allait tenter pour ramener à la soumission un pays où il ne trouvait que des frères égarés plutôt que coupables. Sa double dignité de général et de conseiller d'état lui donnait une autorité sans borne auprès des insurgés, qui voyaient en lui un magistrat et un guerrier armé du glaive de Mars et de celui de Thémis.

Le général Hédouville, qu'il remplaçait, avait concouru à la pacification de ces contrées, autant par son esprit conciliateur que par ses talens militaires : loin de témoigner la moindre jalousie contre le nouveau général en chef, il offrit, au contraire, de servir en qualité de premier lieutenant, et de l'entourer de toutes les connaissances locales que lui avait procurées une longue expérience dans le pays; trait sublime de modestie, qui mit le comble à la réputation de ce respectable général.

Les efforts réunis de ces deux généraux amenèrent la soumission des chefs vendéens, et firent succéder au bruit des armes une tranquillité jusqu'alors inespérée.

En prenant le commandement de l'armée dans le Morbihan, où il ne voyait qu'avec regret des Français à combattre, tandis qu'il eût désiré y rencontrer des étrangers à vaincre, le général Brune publia deux proclamations énergiques, l'une adressée aux habitans, et l'autre à l'armée. Nous croyons devoir les placer ici, dans l'intime persuasion où nous sommes, qu'elles seront lues avec plaisir.

Aux habitans du Morbihan, des Côtes-du-Nord et du Finistère.

« Les agens de l'Angleterre, unis à des brigands, soulèvent les paisibles agriculteurs, et préparent le plus terrible des fléaux, la guerre civile. Sans doute, les passions et l'ignorance ont grossi les rassemblemens séditieux; mais les intentions paternelles du gouvernement, son respect pour les droits des citoyens, la sûreté des propriétés et la liberté des consciences, ont été assez manifestés, pour qu'il ne reste plus de doute dans les esprits.

» Que l'ordre et la tranquillité renaissent dans vos malheureuses contrées! Posez les armes, infortunés citoyens, quittez les signes de révolte, redevenez Français, la patrie vous l'ordonne; mais si, sourds à sa voix, vous persistez dans vos projets aussi vains que coupables; si je n'étais plus que le ministre rigoureux des lois de la guerre, quels effroyables maux n'attireriez-vous pas vous-mêmes sur votre patrie, sur vos champs, sur vos familles! Il est temps de finir une lutte scandaleuse du petit nombre contre tous. Les opprimés l'exigent, la république l'ordonne. »

Aux soldats de l'armée républicaine.

« Camarades, le gouvernement m'a donné une nouvelle marque de confiance en me plaçant à votre tête. Je trouve parmi vous les braves que j'ai déjà commandés, et dans les rangs desquels j'ai combattu souvent. Nos succès rendront bientôt la paix à la patrie ; le général Hédouville les a préparés ; il consent à les terminer, en acceptant le poste d'un des lieutenans de l'armée, dans lequel, sous Hoche, il acquit tant de gloire.

» Hédouville vient de pacifier la Vendée ; il ne reste plus que quelques départemens en armes. Les Anglais, habiles à semer les troubles, vomissent sur nos côtes la guerre et la corruption ; servez-vous de vos armes et de vos vertus pour triompher de l'une et de l'autre.

» Les crédules campagnards, égarés par des ennemis, qui, sous prétexte de les protéger, les méprisent et les pillent, s'empresseront sans doute d'abjurer leur fatale erreur ; ils trouveront un gouvernement qui pardonne. Mais ceux qui ne poseraient pas les armes ne sauraient être considérés que comme des traîtres à la patrie et des esclaves des Anglais.

» Il est sans doute pénible de tirer le glaive contre des Français ; mais ceux-là cessent d'être Français qui prennent les armes contre la France. C'est pour la liberté que nous allons combattre ; bientôt le pardon ou la force vous auront fait triompher ; et, plus heureux, je pourrai guider votre valeur dans les contrées étrangères, où la gloire vous appelle.

» Je vous recommande d'observer une discipline exacte ;

elle soutient la réputation et l'honneur. Je donne l'ordre au commissaire-ordonnateur en chef de pourvoir, par les moyens les plus réguliers, à la subsistance, à l'habillement et à la solde des troupes. Je défends à tout autre que lui, ou ses délégués immédiats, de faire des réquisitions de fonds, et, dans tous les cas, elles devront être approuvées et signées de moi. Lorsque le hasard des marches extraordinaires forcera de vivre chez l'habitant, les chefs des colonnes répondront personnellement de tout excès commis. Les ordres déjà donnés par mon estimable prédécesseur, continueront à être exécutés. »

Ces deux proclamations eurent tout le succès que le général Brune s'en était promis. D'un autre côté, l'arrêté du gouvernement, concernant les funérailles du pape Pie VI, produisit le meilleur effet parmi les habitans simples de ces contrées, qui préférèrent les avantages que leur assurait la pacification aux calamités évidentes auxquelles ils étaient exposés en continuant la guerre.

Quelques légers combats furent livrés par des guerriers qui avaient bravé les dangers les plus affreux, et au moment où l'on s'attendait que la querelle allait être terminée par une bataille générale, l'abandon où l'Angleterre laissa ses partisans, et la désertion subite de tous les agriculteurs enrôlés par force dans les bataillons des Chouans, forcèrent leurs chefs de recourir à la voie des négociations. A peine un mois s'était écoulé depuis que Brune commandait l'armée de l'Ouest, qu'ils avaient successivement déposé les armes. Les habitans des campagnes reprirent gaiement leurs travaux accoutumés, et une grande partie des hommes qui n'avaient d'autre métier que la guerre, grossirent, en s'y enrôlant, les armées républicaines.

Cette pacification, due à la sagesse, à la prudence et à la modération du général Brune, lui fit beaucoup d'honneur, et lui donna de nouveaux droits à la reconnaissance nationale et à la bienveillance du gouvernement français.

La pacification de la Vendée, ses brillantes campagnes en Helvétie et en Hollande, avaient acquis au général Brune une juste célébrité; aussi, immédiatement après le départ du vainqueur de Marengo, fut-il chargé de nouveau du commandement de l'armée d'Italie.

En se plaçant à la tête des compagnons d'armes de Bonaparte, il leur adressa la proclamation suivante :

« Camarades, nos ennemis veulent encore la guerre. Vous vous reposiez sous les armes en attendant la paix : votre attente est frustrée. La prévoyance de Bonaparte a été juste et rapide: il a vu les lenteurs qu'affectaient les ennemis de la France. La paix doit être conquise par de nouveaux triomphes.

» Au signal des triomphes et de la gloire, vos armes s'agitent dans vos mains généreuses; le cri des combats se répète dans tous vos rangs. Braves guerriers, il est inutile de vous recommander les égards dus aux peuples chez lesquels vous allez pénétrer; vous n'oublierez pas que la liberté est leur espérance, et que votre générosité les déterminera à favoriser vos armes. »

L'armée d'Italie, qui s'était mise en mouvement, occupait les positions suivantes, lorsqu'un armistice, conclu le 29 septembre, en suspendit la marche : l'aile gauche, commandée par Moncey, occupait la Walteline et le Brescian; le centre, aux ordres de Dupont, se trouvait à Crémone, et Suchet, conduisant l'aile droite, avait son quartier général à Modène.

La convention faite à Castiglione, entre les généraux Marmont et Hoenzollern, ayant été violée par les habitans d'Arezzo et des montagnes voisines, qui, se portant aux plus grands excès, s'étaient déjà emparés de Lucques et d'une partie du Bolonais, le général Brune ordonna l'occupation militaire de la Toscane et le désarmement des levées extraordinaires qui y avaient eu lieu. Les insurgés s'étant réunis pour défendre Arezzo, cette place fut prise d'assaut. Une partie des rebelles fut massacrée sur les remparts, dans les rues, dans les maisons dont les murs étaient crénelés; les autres se sauvèrent dans les campagnes. On démantela la place, qui n'offre aujourd'hui que des ruines.

A la rupture de l'armistice, les succès de l'armée d'Italie ne furent pas moins brillans que ceux de l'armée d'Allemagne, qui se trouvait à peu de journées de Vienne; car le général Brune poursuivait les Autrichiens dans les états de Venise, tandis que Macdonald, franchissant les Alpes-Rhétiques, après avoir vaincu les difficultés les plus étonnantes, pénétrait en Italie par le Haut-Adige, pour prendre à revers les redoutables lignes de l'Adige et du Mincio. Le comte de Bellegarde, qui défendait les bords de ce dernier fleuve, fut forcé dans ses retranchemens après la plus vive résistance. Les Autrichiens perdirent douze mille hommes et vingt-quatre pièces de canons.

Brune fit jeter rapidement plusieurs ponts sur l'Adige; poursuivit, l'épée dans les reins, les Impériaux fuyant devant les Français, qui comptaient autant de victoires que de journées de marche, et, après avoir passé successivement l'Adige, l'Alpone, la Feassena, la Brenta, vint établir son quartier général dans Trévise, à quelques lieues de Venise. Dans moins de vingt jours, il avait fait vingt mille prisonniers.

Laissant derrière lui quelques forteresses qui ne pouvaient lui échapper, il s'était déterminé à entrer dans les montagnes de la Carinthie pour opérer sa jonction avec l'armée de Moreau, lorsqu'un armistice, qui mettait la maison d'Autriche hors d'état de reprendre les armes, fut signé à Trévise le 16 janvier 1801. Par cet armistice, les forteresses de Peschiera, de Ferrare, de Porto-Legnano et d'Anione étaient rendues aux Français; la république cisalpine rentrait en possession de tout le territoire qu'elle occupait avant l'expédition des Russes en Italie.

Ainsi se termina une campagne aussi honorable pour les armées d'Italie et d'Allemagne que funeste pour la maison d'Autriche; où les soldats des deux armées conquirent, par de nouveaux triomphes, une paix qui mit le comble à leur gloire, en assurant la prospérité de la France.

Ce n'est pas seulement à la tête des armées, où il se fit un si grand nom, que le général Brune savait utiliser, pour le bien de la patrie, ses rares talens et ses profondes connaissances : nommé ambassadeur de la république française près la sublime Porte, le 11 septembre 1802, on le vit allier, dans cette haute et importante mission, une fermeté imposante à des dispositions éminemment politiques. Il parvint à déjouer les intrigues de l'Angleterre dans le divan, et à maintenir, par sa sage prévoyance, l'amitié, la paix et la concorde qui avaient toujours régné entre la France et la Turquie.

Dans le cours de cette ambassade, il fut promu au grade de maréchal de France le 19 mai 1804. Ce grade éminent, qui est le dernier période de l'élévation militaire, devint le prix des brillans services qu'il avait rendus à son pays. Le gouvernement ne tarda pas à lui donner de nouvelles preuves de sa gratitude : le 1er février 1805, il reçut le grand cordon de la légion-d'honneur. Cette marque de distinction honorable, récompense flatteuse du mérite, et qui rappelle toujours les belles actions, fut un nouveau titre pour le maréchal au souvenir des amis de la gloire nationale.

En 1805, au moment même où la Grande-Armée, maîtresse de la capitale de l'Autriche, s'enfonçait victorieuse dans la Moravie, Brune, commandant en chef le camp de Boulogne, défendit avec avantage ce fort et les flottilles contre les attaques réitérées des Anglais, qui, après avoir ourdi la troisième coalition contre la France, dirigeaient tous leurs efforts sur cette partie de son littoral.

Le 17 mars 1806, il fut investi de la présidence du collége électoral du département de l'Escaut réuni à Gand, et, dans cette mission, il fit éclater la prudence et la sagesse qui caractérisèrent toujours ses actions. Le 15 décembre de la même année, le gouvernement français lui conféra le commandement des villes Anséatiques, et le chargea de maintenir le blocus de l'Elbe, du Wesser et de la Drave. Dans ces fonctions, il se montra sans ambition, et porta le désintéressement jusqu'au scrupule.

Appelé, en 1807, à la conduite du corps d'observation de la Grande-Armée, qui s'organisait sur les frontières de la Poméranie, le maréchal, par son activité, surmonta tous les obstacles, et trouva dans son génie les ressources qui lui manquaient pour ouvrir la campagne, en faisant passer dans l'ame de ses soldats les sentimens dont il était animé. La conquête de cette belle et riche province suédoise, le siége de Stralsund, sa capitale, l'enlèvement de l'île d'Aunholm, l'occupation de celle de Rugen, attestent assez qu'un général doué du génie de la guerre peut tout entreprendre, lorsqu'il sait gagner la confiance des troupes. Avec de très-faibles moyens, le maréchal Brune réduisit, dans cette courte campagne, une armée menaçante, commandée par le roi de Suède en personne, qui s'était montré le champion dévoué de la coalition, et força ce prince à proposer une convention qui lui accorda la faculté de ramener au sein de ses états les débris de cette armée.

Disgracié immédiatement après cette glorieuse campagne, le maréchal ne sentit le poids de sa défaveur que par la privation qu'éprouvèrent ses braves compagnons d'armes des récompenses qu'il avait sollicitées pour eux. Il rentra dans la vie civile sans le moindre regret; et là, oubliant l'injustice des cours et l'éclat de ses triomphes, il aimait à goûter les douceurs du repos dans le commerce de quelques amis que l'affabilité de ses manières et la bonté de son cœur lui avaient attachés pour jamais. Dans la crainte de servir l'ambition, il se fit une loi de refuser toute espèce d'emploi d'un gouvernement dont la marche non équivoque vers le despotisme ne pouvait convenir à la franchise de son caractère et à la sévérité de ses principes, et qu'il voyait chaque jour immoler la liberté publique à une soif immodérée des conquêtes. Si, en 1815, il se rendit à l'armée du Var, son dévouement pour son pays, son amour pour la patrie toujours profond, ardent, exclusif, capable de tous les efforts et de tous les sacrifices, furent seuls capables d'armer son bras. Après avoir soumis ce corps d'armée à l'autorité du roi, il se démit du commandement, et, porteur de passeports du marquis de Rivière, son successeur, il se rendait à Paris, où les ordres de Louis XVIII l'appelaient, lorsqu'il fut impitoyablement massacré, le 2 août, au milieu d'Avignon et sous les yeux des magistrats, par une bande de forcenés souillés de tous les crimes!.... Couvrons d'un voile épais une pareille atrocité qui fait gémir l'humanité, et déshonore à jamais la ville qui en fut le théâtre.

Ainsi périt un maréchal de France, un grand dignitaire de la couronne, illustré par tous les genres de gloire, qui, général à trente ans, sut justifier par ses victoires les grades qu'il avait obtenus par ses belles actions.

INDICATION

DES CAUSES DE LA DISGRACE DU MARÉCHAL BRUNE.

A peine les ennemis du maréchal Brune eurent-ils appris sa disgrâce, qu'ils s'empressèrent de débiter différentes versions aussi invraisemblables que dénuées de fondement. Les uns attribuèrent cette disgrâce à des gains illicites faits sur des armemens en course, dans les mers de la Poméranie et du Sund; d'autres prétendirent que des concussions et des contributions levées en Poméranie par le maréchal, y avaient donné lieu; les derniers enfin, pour le moins aussi méchans, la firent dériver de *sources impures*, et osèrent attaquer la grande délicatesse du maréchal, si hautement avouée des armées qu'il eut à commander, en lui donnant pour cause *l'infâme trafic de la contrebande*, pendant son gouvernement des villes Anséatiques, le blocus de l'Elbe, du Weser et de la Drave.

Impuissantes clameurs de la malveillance et de l'envie, qui ne sauraient atteindre un nom si pur, ni flétrir une réputation acquise au prix de tant de sacrifices! Le simple récit des faits qui vont être rapportés fera apprécier à leur juste valeur d'aussi pitoyables imputations.

Immédiatement après la conquête de la Poméranie et des îles qui en dépendaient, le maréchal, désirant faire tout le mal possible à l'Angleterre, dont l'astucieuse politique avait suscité tant d'ennemis à la France, proposa au gouvernement des armemens en course, pour détruire le commerce de cette puissance dans les mers du nord, et capturer ses bâtimens qui étaient en retour de ces parages. Le gouvernement français non-seulement autorisa ces armemens, mais encore fit délivrer des lettres de marque par ses consuls; il permit, de plus, que les armes et les munitions de guerre nécessaires fussent tirées des arsenaux et des magasins des places occupées par son armée.

Un vieux bâtiment de commerce (condamné) existait dans le port de Stralsund ; c'était le seul qui, par sa dimension, pût convenir à la course : il fut de suite acheté, mis en radoub, gréé et armé au moyen d'une souscription par actions de mille et de cinq cents francs chaque.

Pour encourager cette souscription, et hâter la sortie du corsaire, le maréchal prit plusieurs actions : les officiers supérieurs et même subalternes suivirent un si noble exemple. Le commerce de Stralsund et des principales villes maritimes des deux Poméranies remplit la souscription et compléta l'armement du corsaire, dont un capitaine au long cours de la marine française, qui avait long-temps navigué dans ces mers, prit le commandement. L'équipage fut composé de matelots prussiens et poméraniens, et la garnison du bord formée de volontaires tirés de divers corps des troupes françaises et alliées.

Aussitôt que le corsaire fut en état de mettre en mer, il fit voile vers le nord : sa course fut heureuse. Plusieurs bâtimens anglais, richement chargés, furent pris, amarinés et conduits dans les ports de la Poméranie. Leurs cargaisons, déclarées de bonne prise par l'amirauté, furent vendues sous les yeux des consuls français, et les parts distribuées d'après les réglemens existans.

Quel emploi fit le maréchal de la part de ses bénéfices ? Il la distribua aux braves soldats de son armée. Que l'on traite maintenant, si on l'ose, de gains illicites un si généreux désintéressement !!!

La création de la régence poméranienne, établie dans la ville de Greiffswalde, dont il est fait mention dans l'opuscule, les témoignages flatteurs des honorables membres qui la composaient, répondent mieux au second chef d'inculpation que tout ce qu'on pourrait dire et écrire à ce sujet; car jamais, dans cette partie de la Basse-Allemagne, on n'entendit de réclamations qui eussent rapport au général Brune.

Le ciel de ses vaincus n'entendit point les pleurs.

Quant au dernier chef (la contrebande), qui pourrait croire que, oubliant à la fois l'honneur et ses devoirs, un général couvert de gloire, chargé de gouverner les provinces Anséatiques et de faire observer le blocus de l'Elbe, du Weser et de la Drave, se fût rendu coupable d'un trafic aussi honteux; et d'ailleurs comment aurait-il pu le faire sur un littoral garni d'une triple ligne de douanes, et sous les yeux vigilans d'une armée d'employés, sans que le gouvernement en eût été bientôt instruit? Il serait absurde de le penser. En admettant, par supposition, que la fraude eût eu lieu, un prompt rappel du coupable n'aurait-il pas été le prix de cette œuvre de la cupidité?

Le maréchal Brune, gouverneur des provinces Anséatiques en 1806, fut appelé, en 1807, au commandement du corps d'observation de la Grande-Armée. Cette marque de confiance de la part du gouvernement prouve qu'il était satisfait de sa conduite, et le met à l'abri d'une si perfide insinuation.

La vérité ressort toujours de la nature et de la force des choses; comment se ferait-il donc que, dans un moment où s'élevaient tant de fortunes colossales, le maréchal Brune, après avoir commandé en Helvétie, en Hollande, en Italie, dans les provinces Anséatiques et en Poméranie, n'eût d'autre fortune après sa disgrâce, et au moment même de sa trop malheureuse catastrophe, qu'une mince terre en Champagne, et, dans Paris, un hôtel plus que modeste pour un grand-officier de la couronne? Certes, s'il n'eût possédé au plus haut degré les vertus qui font le plus beau titre de gloire d'un général, la probité, le désintéressement, la générosité, la pitié pour le malheur, il eût laissé d'immenses richesses.

Pendant sa défaveur, l'opinion publique, parfois sévère, mais toujours impartiale, avait repoussé avec indignation ces odieuses inculpations, enfantées par l'imposture et propagées par la malveillance.

Pour se faire une idée juste des causes de la disgrâce du maréchal Brune, il suffit d'avoir quelque connaissance de la politique et du caractère de Napoléon, dont l'orgueil s'irritait facilement, et qui devenait furieux pour peu qu'il fût contrarié dans ses desseins. Vainqueur de la quatrième coalition, dictant à Tilsit, comme à Austerlitz, des lois et des conditions de paix aux souverains vaincus, la convention du 7 septembre 1807, consentie par un de ses maréchaux, ne dut-elle pas blesser son amour propre au dernier point? En effet, cette convention, proposée par un roi contre lequel il avait conservé le plus d'animosité, parce qu'il avait osé refuser son alliance après la bataille d'Iena; cette convention, disons-nous, acceptée par le maréchal Brune, se trouvant en opposition avec les vues ambitieuses du monarque français, qui, depuis long-temps, méditait un changement de dynastie en Suède, exaspéra son caractère naturellement irascible. Furieux de voir ses projets ainsi traversés, Napoléon fit éclater tout son mécontentement, et ordonna le rappel du maréchal. Le changement du gouvernement arrivé en Suède peu de temps après, donne la clef de l'énigme, et explique parfaitement la véritable cause d'une mesure si injuste.

Avant de signer la convention présentée par le roi de Suède, le maréchal Brune, qui connaissait tous les moyens de résistance qui pouvaient lui être opposés, et qui n'avait que de faibles embarcations, capables de porter tout au plus cinq mille hommes de débarquement, avait calculé toutes les chances d'une attaque de vive force sur l'île de Rugen, protégée par la marine suédoise, et défendue par l'armée de terre que commandait le roi en personne. Il avait également calculé ses faibles moyens pour une entreprise de si haute importance, et mis en balance tous les résultats heureux ou malheureux.

En cas de réussite, la prise de Rugen, celle de l'armée suédoise et de son matériel, devenaient, il est vrai, le prix de tant de braves soldats sacrifiés; mais, en admettant que l'expédition eût un succès complet, devait-il se flatter de prendre le roi de Suède, qui pouvait facilement s'échapper sur ses vaisseaux qui bordaient l'île, sans qu'on eût aucun moyen de l'en empêcher. Un échec (car on devait s'attendre à tout de l'armée suédoise réduite au désespoir) pouvait amener les conséquences les plus funestes. L'histoire nous fournit plus d'un exemple des fâcheux résultats que l'entêtement ou la fausse conduite d'un général peut attirer sur son armée. Ces considérations puissantes firent adopter au maréchal Brune cette maxime du grand Frédéric: « Quand l'ennemi demande à se retirer, il faut lui faire un pont d'or. »

Tel fut le véritable motif d'une disgrâce si peu méritée; motif qui est resté inconnu à la France, et que les ennemis du maréchal ont toujours feint d'ignorer. Brune dut se consoler facilement de l'injustice du gouvernement à son égard, en se rappelant que le maréchal d'Estrée avait été disgracié pour avoir gagné la bataille d'Hastenbeck, tandis que M. de Soubise fut fait maréchal de France pour avoir perdu celle de Rosbach.

PIÈCES JUSTIFICATIVES.

(*a*) On a traité d'injuste et d'impolitique l'agression dirigée contre la Suisse ; mais peut-on raisonnablement en attribuer la faute à l'armée ou à ses chefs ? ne doit-elle pas retomber sur le directoire qui l'avait ordonnée ? Pendant le cours de nos révolutions, la nation française et l'armée n'ont fait rien que de grand, et les crimes qu'on leur reproche doivent être la part des gouvernemens qui les ont dirigées.

(*b*) En entrant en Suisse, le général Brune publia la proclamation suivante, pour rassurer les paisibles habitans de cette république :

« Habitans de l'Helvétie! les soldats français qui pénètrent dans ces vallons que vous habitez, sont vos amis, vos frères; leurs mains ne portent les armes que pour écraser la tyrannie : leur seul but est de vous rendre à la liberté que vous chérissez.

» Depuis les premiers jours de la révolution française, la plupart des patriciens qui gouvernent les cantons aristocratiques de la Suisse, ont secondé sourdement les puissances liguées contre la France; ils ne manqueront pas de publier que les Français veulent subjuguer l'Helvétie. Braves Suisses, repoussez loin de vous ces perfides suggestions. L'ambition ni la cupidité ne déshonoreront jamais les démarches que je fais aujourd'hui au nom de la république française.

» Amis des généreux descendans de Guillaume Tell, ce n'est que pour punir les coupables usurpations faites sur votre autorité, que je me trouve en armes au milieu de vous. Loin de vos esprits toute inquiétude sur votre indépendance politique et sur l'intégrité de votre territoire ! Le gouvernement français, dont je suis l'organe, vous les garantit : ses intentions seront religieusement remplies par mes compagnons d'armes. Soyez libres, la France vous y invite, la nature vous l'ordonne; et, pour jouir de ce précieux avantage, vous n'avez qu'à le vouloir. »

(*c*) Les lettres du directoire écrites au général Brune doivent trouver ici leur place; car nous pensons qu'on les lira avec plaisir.

Paris, le 14 mars 1798.

« Le directoire exécutif, citoyen général, a reçu votre dépêche, contenant les détails des affaires brillantes dans lesquelles l'armée française, dont le commandement vous est confié, vient d'attacher au nom français un nouveau rayon de gloire.

» Le directoire s'est empressé d'en faire part au conseil des Cinq-Cents, et vous verrez, par les numéros ci-joints du journal intitulé le *Rédacteur*, que sur-le-champ le conseil en a témoigné sa satisfaction à l'armée, par une résolution qui déclare qu'elle a bien mérité de la patrie.

» Les services signalés que vous avez rendus à la république, vous appellent à en rendre de nouveaux dans le commandement de l'armée d'Italie; il est donc instant que vous vous rendiez sur-le-champ à Milan, etc. »

Paris, le 3 avril 1798.

« Le directoire exécutif a reçu, citoyen général, les dépêches par lesquelles vous lui avez rendu compte de vos dernières opérations à Berne, en qualité de général en chef de l'armée d'Helvétie : il a reconnu le patriotisme, la sagesse et le zèle qui caractérisent tout ce que vous faites dans l'exécution des fonctions qui vous sont confiées.

» Le ministre de la guerre est chargé de vous envoyer une armure au nom du directoire exécutif : elle sera pour vous un témoignage de la satisfaction du gouvernement pour les services que vous avez jusqu'à présent rendus à la république, et un gage de ceux que vous continuerez de lui rendre, etc. »

(*d*) Ces lettres prouveront à nos lecteurs que la prudence, l'exactitude et la sagesse présidaient à toutes les actions, à toutes les démarches du maréchal Brune, et qu'il est impossible de porter à un plus haut degré le scrupule en matière de comptabilité et d'administration.

Au quartier général de Berne, le 5 germinal an 6.

Le général Brune, commandant en chef l'armée française en Helvétie, au directoire exécutif.

Citoyens directeurs,

« L'ouvrage de la Suisse s'avance, et j'aurai, avant de partir, la satisfaction de le voir assez avancé pour que les ennemis du système représentatif aient perdu toute espérance de succès.

» Je vous envoie tous les titres de créance que j'ai pu me procurer; ils sont très-considérables, et portent non-seulement sur l'Angleterre, mais sur d'autres puissances telles que l'Autriche, le Danemarck et plusieurs états d'Allemagne. Tous ces titres forment un dépôt que je fais conduire à Paris, et que le capitaine Guillemet, mon aide-de-camp, est chargé de surveiller et de remettre à Paris, entre les mains de qui vous proposerez. J'envoie en même temps l'ancien trésorier ou directeur de la monnaie de Berne, actuellement commissaire-général des guerres du canton de Berne; il se nomme Jenner, et pourra vous donner tous les renseignemens, soit sur les créances et les moyens de les réaliser, soit sur le numéraire qui existait à la monnaie ou dans le trésor. Vous verrez, par l'état dont je vous envoie copie, et dont il vous remettra l'original, ainsi que par les procès-verbaux, que les sommes trouvées dans le trésor cadrent avec les registres. J'ai pensé que vous me sauriez gré de toutes ces précautions.

» Quant aux sommes dont j'ai disposé pour le besoin des troupes, elles s'élèvent à neuf cent cinquante mille livres, prises en deux fois, savoir : cinq cent mille livres une première fois, et quatre cent cinquante mille livres l'autre. Je vous adresse l'état du payeur de la division d'Italie, pièce qui constate l'extraction et l'emploi de ces sommes, qui laissent les troupes payées jusqu'au 15 germinal présent mois, comme vous l'aviez désiré.

» Il restera dans le trésor dequoi subvenir au besoin des troupes que commande le général Schawenbourg, jusqu'à ce que les contributions, qui peuvent être abondantes, et dont vous réglerez le montant, arrivent pour fournir à ses besoins plus long-temps, si cela était nécessaire. Le surplus du trésor sera transporté à Mayence, j'en laisserai l'ordre à mon successeur.

» Je vous envoie aussi une nomenclature des créances du canton de Fribourg, tant sur les habitans du pays que sur l'étranger et sur la France.

» Vous recevrez en même temps l'état des bouches à feu prises sur l'ennemi; il consiste en deux cent quatre-vingt-treize pièces de canons de divers calibres, trente-huit obusiers et trente-deux mortiers. Le général Schawenbourg est chargé de l'évacuation de ces pièces sur Huningue et Carouges : cent soixante-trois sont déjà évacuées.

» Salut et respect. Signé Brune. »

Suivent les pièces à l'appui.

« Au quartier général de Berne, le 7 germinal an 6.

Au général Schawembourg.

« Citoyen général, les points qui m'ont paru les plus importans à occuper pour le maintien de la tranquillité dans les cantons du Léman, Sarine et Broie, sont: Aigle, le château de Chillon, Lausanne, Yverdun, Payerne, Morat, Gumine, Laupen et Fribourg. Je dois vous ajouter, citoyen général, que j'ai une grande confiance dans les bataillons vaudois, lesquels ont fait le service concurremment avec les troupes françaises. J'ai tout lieu d'espérer que vous aurez, sur leur compte, la même opinion, et que vous aurez, par ce motif, peu de Français à cantonner dans Sarine, Broie et Léman. Il faut cependant surveiller avec soin les environs de Sainte-Croix.

Les généraux Muller et Massot m'avaient prêté quelques troupes qu'ils me redemandent; le général Pouget, que j'avais appelé de Carouges à Lausanne, va retourner à son premier poste; il est sous les ordres du général Massot : je dois vous dire qu'au premier besoin ce brave officier seconderait vos opérations avec zèle.

» Le chef d'état-major d'artillerie vous donnera l'état d'évacuation des bouches à feu sur Carouges, et destinées pour Grenoble et Besançon.

» Je vous adresse quatre imprimés : le premier, l'organisation de la république rhodanique ; le deuxième, la formation du gouvernement provisoire de Berne ; le troisième, la formation d'une république helvétique, et le quatrième, un avis qui annonce la réunion de tous les cantons dans une seule république une et indivisible.

» Je vous adresse aussi deux copies certifiées de deux lettres du directoire ; elles contiennent des ordres dont l'exécution vous concerne maintenant.

» Je vous donne avis aussi qu'il a été dressé procès-verbal de l'état des caisses publiques dans Berne : le commissaire-ordonnateur vous en remettra des copies signées de lui.

» Vous verrez dans l'une des lettres du directoire que je vous adresse, que les fonds inventoriés sont destinés : 1° aux dépenses des généraux en chef; 2° à la solde des troupes, et que le reste doit être envoyé à Mayence, dans la caisse du payeur-général.

» Voici la suite des dépenses que j'ai ordonnées : neuf cent cinquante mille francs, en deux fois, pour le paiement du corps d'armée venant d'Italie, y compris l'arriéré de solde et le courant jusqu'au 15 germinal présent mois; deux cent mille francs à la disposition du commissaire-ordonnateur, pour la subsistance des troupes, sauf à en rendre compte et à être remboursé sur les contributions que vous établirez d'après les ordres du directoire. J'ai, en outre, disposé de quatre cent mille francs, que j'emporte avec moi, et dont je rendrai compte au directoire.

» Dans tous les cas, citoyen général, comme il est très-probable qu'après mon départ, des intrigans prétendent s'autoriser de mes ordres, je vous déclare que je n'en ai donné aucun qui ne soit signé de moi, et qu'en conséquence je désavoue tous ceux qui ne seraient pas revêtus de cette formalité.

» J'ai envoyé à Paris, par un aide-de-camp, tous les titres de créance du gouvernement de Berne; le citoyen Jenner accompagne mon aide-de-camp à Paris, pour donner au directoire des renseignemens sur ces créances.

» Il existait à Berne une caisse appelée *caisse du pays de Vaud*. Considérant les grandes dépenses qu'a faites ce nouveau canton, auquel le directoire s'intéresse particulièrement, j'ai ordonné la remise de cette caisse à son gouvernement; j'ai aussi ordonné que le mont-de-piété, la caisse des pauvres et des domestiques fussent respectés.

» Signé Brune. »

Cette lettre est extraite du registre de correspondance du général, sous le n° 281.

N. B. Il n'est pas un militaire qui ne sache que le gouvernement met des fonds à la disposition d'un général en chef pour ses dépenses secrètes, dont il doit rendre compte. Le général Brune était spécialement autorisé par les instructions du directoire en date du 24 ventôse an 6. Les sommes prises en Suisse par ce général ont été portées en recette pour son compte, et, dans celui qu'il a rendu au directoire, il se trouvait en avance de vingt-sept mille francs. Jamais comptabilité ne fut tenue avec plus de scrupule et de régularité : aussi, plus tard, soumise à la vérification de la cour des comptes, fut-elle trouvée parfaitement en règle. (Lettre du président de la cour des comptes du 5 juillet 1819.)

Au quartier général de Berne, le 8 germinal an 6.

Au citoyen Lecarlier, commissaire du directoire près l'armée d'Helvétie.

« Citoyen commissaire, je vous adresse divers réglemens que j'ai faits dans le pays suivant les circonstances et d'après les ordres que je recevais du directoire exécutif : les deux derniers sont, la réunion de l'Helvétie en une seule république une et indivisible, et mes adieux aux citoyens de l'Helvétie.

» Le peuple suisse est bon et confiant : vous l'amènerez facilement aux principes de la liberté, qui doit assurer son bonheur. Je crois qu'un des grands moyens de convertir les Suisses à la liberté, c'est de s'en faire aimer et estimer, et de respecter la parole donnée. Les montagnards sont réputés les plus braves et les plus francs ; ils nous aiment beaucoup, ils ont planté l'arbre de la liberté et accepté la constitution : il faut les ménager, car ils ont un grand ascendant sur tout le pays. Avec de la franchise et quelques égards, vous ferez la conquête des cœurs : elle vaut bien *celle du territoire.*

» J'ai laissé Arau lieu désigné comme résidence provisoire de l'autorité nationale ; car Lucerne m'a bien envoyé dire par des députés qu'il allait accepter la constitution ; mais cette acceptation ne m'est pas encore parvenue, et il ne serait pas politique d'établir dans un lieu douteux le centre d'un gouvernement.

» Les cantons de Berne, d'Oberland, du Léman, de Sarine et Broie et de Zurich, ont accepté la constitution helvétique ; leurs députés se rassembleront à Arau le 10 présent mois : peu à peu votre influence amènera les autres cantons aux principes établis ; mais je pense que la présence des armes ne vous sera plus utile sous un mois.

» J'ai fait de l'Oberland un canton, 1° parce que cela affaiblit le canton de Berne ; 2° parce que les montagnards ainsi séparés ne recevront plus une influence funeste, et qu'ils ont paru le désirer.

» J'ai envoyé à Paris, par un de mes aides-de-camp, les créances de Berne sur les divers états de l'Europe. Le citoyen Jenner, qui a accompagné cet officier, donnera au directoire tous les renseignemens nécessaires.

» Le trésor, la monnaie et autres dépôts d'argent ont été inventoriés : l'ordonnateur vous remettra les copies légales des procès-verbaux.

» J'ai disposé de neuf cent cinquante mille liv. pour le paiement de l'arriéré et du courant de la solde due à le colonne venue de l'Italie ; plus deux cent mille livres, à la disposition de l'ordonnateur, pour les subsistances, sauf le remboursement sur les contributions, et compte à rendre à qui de droit.

» J'ai autorisé le gouvernement de Berne à disposer d'une somme de deux cent mille livres pour le même objet et sous les mêmes conditions.

» J'ai demandé quatre cent mille livres pour mes dépenses particulières, mais n'ayant reçu que cent quatre-vingt-seize mille six cents livres, j'ai donné ordre à l'ordonnateur de me faire parvenir au quartier-général, en Italie, le complément de cette somme.

» Lors de la prise de Fribourg, enlevé d'assaut, pour gratifier la troupe, qui n'avait commis aucun pillage, le général Pigeon imposa aux olygarques une contribution de cinq cent mille livres ; je la réduisis à trois cent mille livres, et je sais que les gratifications ont été données.

» Je ne sais absolument rien de ce qui concerne Soleure. J'oubliais de vous dire que Fribourg a fourni un état de finances ridicule ; je l'ai envoyé au directoire.

» Mon successeur a reçu de moi les instructions essentielles du directoire, et je ne doute pas de son zèle à les remplir.

» Je vous dirai, citoyen commissaire, ce que j'ai écrit au général Schawenbourg. Je n'ai donné que des ordres par écrit et signés de moi, ceux qui n'ont pas cette authenticité, je les désavoue. Cette déclaration me paraît utile pour déjouer la malveillance, s'il est possible qu'elle s'exerce sur les amis de la patrie et de sa gloire.

» Salut. Signé BRUNE ».

(*e*) Aux termes des traités d'alliance entre la France et la Hollande, le gouvernement français était tenu d'avoir constamment dans ces états un corps complet de vingt-quatre mille hommes, payé et entretenu par la république batave. Mais l'embarras financier où se trouvait le directoire de France, la nécessité de porter des secours en Suisse et en Italie l'avaient déterminé, bien qu'il reçût les sommes destinées à l'entretien de cette armée, à retirer successivement une partie des troupes qu'il avait en Batavie, de manière que, au moment de l'invasion, il n'y restait guère que huit à dix mille hommes environ.

(*f*) Aussitôt que les Hollandais eurent évacué les retranchemens du Helder, l'amiral Story quitta son mouillage du Texel, et se retira plus au nord, entre les îles du Texel et de Vlieland.

La flotte anglaise se trouvait, le 30 août, dans la rade du Texel, et Story se disposait à l'attaquer, lorsqu'une insurrection éclata parmi les matelots hollandais, séduits et excités par les officiers de leur bord. L'amiral anglais envoya sommer l'amiral hollandais d'amener le pavillon républicain. Ne pouvant plus compter sur les équipages, cet amiral se trouvait dans la position la plus critique : il fit proposer une suspension d'armes, qui fut rejetée, et il ne lui fut accordé qu'une heure pour délibérer, sous la condition toutefois que sa flotte resterait dans la position qu'elle occupait.

L'amiral Story avait peine à croire encore que les fils des marins qui avaient combattu avec tant de gloire sous les Tromp et les Ruyter seraient assez lâches pour se rendre sans aucune résistance : il fit faire le signal de branle-bas général de combat, qui fut celui d'une défection générale ; car les équipages déchargèrent les pièces, jetèrent à la mer les gargousses et les boulets, et arborèrent le pavillon de la maison d'Orange.

Dans un tel état de choses, l'amiral batave, cédant à la nécessité, écrivit à l'amiral anglais qu'en ne reconnaissant d'autre souverain que le peuple batave, il consentait à rendre la flotte aux Anglais, et à rester prisonnier de guerre ainsi que ses officiers.

Ces lâches marins reçurent bientôt la juste récompense de leur félonie : leurs vaisseaux furent conduits dans les ports de la Grande-Bretagne.

(*g*) Trois partis divisaient la nation batave au moment où son territoire était menacé d'une invasion : le premier, composé de la grande masse des citoyens, paraissait sincèrement attaché à la constitution républicaine imposée par la France ; le second était formé d'un certain nombre d'hommes turbulens et inquiets, frondeurs du pouvoir, parce qu'ils avaient perdu l'espoir de devenir ses agens. Cependant cette faction eut bientôt abjuré son système à l'aspect des dangers imminens qui menaçaient la commune patrie, et se réunit aux constitutionnels pour défendre avec eux la cause de tous. Noble et sublime leçon donnée aux partis politiques qui seraient tentés d'aller chercher des auxiliaires parmi les ennemis de leur pays, et de se servir de la victoire des étrangers pour exercer des vengeances contre le parti vaincu! Le troisième, qui était le moins fort, se composait des partisans de l'ancien gouvernement et des hommes attachés au stathoudérat. Trop faible pour se déclarer ouvertement, il attendait dans le silence que l'ennemi eût fait des progrès, pour se montrer, et entraîner à lui cette masse inerte d'individus toujours prête, dans les révolutions, à se ranger du côté du plus fort.

(*h*) L'état déplorable des affaires de la république française vers le milieu de l'année 1799; les revers presque continuels éprouvés par ses armées; la situation critique du directoire, menacé d'une invasion prochaine au dehors, et au dedans par des factions qui cherchaient dans sa faiblesse des moyens faciles de succès et de triomphe, déterminèrent le gouvernement britannique à s'emparer de la Hollande.

L'Angleterre, indépendamment du rétablissement du stathoudérat, trouvait dans cette entreprise les moyens de faire une utile diversion en faveur de ses alliés, qui se battaient avec tant d'opiniâtreté en Suisse et en Italie, et d'enlever à la France la disposition d'un pays qui était sa ressource sous le rapport des finances et de la marine.

Secondé par l'empereur de Russie Paul Ier, qui s'était engagé à fournir un contingent nombreux de troupes, le cabinet de Saint-James fit les plus grands préparatifs pour assurer le succès d'une expédition dont il espérait retirer d'immenses avantages.

(*i*) Ces renforts consistaient dans une division de troupes françaises, organisée dans la Belgique par l'inspecteur-général Kellerman.

(*k*) *Copie de la capitulation du 18 octobre.*

M. le général-major Knox, muni des pouvoirs de S. A. R. le duc d'Yorck, commandant en chef l'armée combinée anglaise et russe, et le citoyen Rostolant, général de brigade, chef de l'état-major général, muni des pouvoirs du citoyen Brune, commandant en chef l'armée française et batave, sont convenus de ce qui suit :

Art. 1er. A compter de ce jour, toutes hostilités cessent entre les deux armées.

Art. 2. La ligne actuellement existante des avant-postes de chacune des deux armées servira respectivement de ligne de démarcation.

Art. 3. Tous ouvrages offensifs et défensifs restent suspendus de part et d'autre, et il ne peut en être fait de nouveaux.

ART. 4. Les batteries qui existaient au Helder et dans les positions où se trouvait l'armée combinée anglaise et russe lors de l'invasion, seront rétablies dans leur intégrité, ou resteront dans l'état présent amélioré, pourvu que les pièces d'artillerie batave y soient toutes conservées.

ART. 5. L'armée combinée anglaise et russe se rembarquera le plus tôt possible, et aura évacué le territoire des côtes, les îles et les mers intérieures de la république batave au 9 frimaire (30 novembre 1799), sans y avoir causé aucun dégat en pratiquant des inondations, coupures de digues, ou obstruant les sources de la navigation.

ART. 6. Les vaisseaux de guerre et autres bâtimens qui viendraient avec des renforts pour l'armée combinée anglaise et russe, ne pourront effectuer aucun débarquement, et repartiront sur-le-champ.

ART. 7. Le général en chef Brune pourra envoyer un officier dans le Zip et au Helder, pour lui rendre compte, tant de l'état des batteries que des progrès de l'évacuation. S. A. R. le duc d'Yorck pourra aussi envoyer un officier sur la ligne française et batave, pour se convaincre qu'on ne fait pas de nouveaux ouvrages. Un officier supérieur de marque de chaque armée sera envoyé pour garantir l'exécution du présent accord.

ART. 8. Huit mille prisonniers de guerre, français et bataves, faits antérieurement à la présente campagne, et détenus actuellement en Angleterre, seront, au choix et dans la proportion réglée par les deux gouvernemens des républiques alliées, renvoyés libres et sans condition dans leur patrie. M. le général Knox restera à l'armée française pour garantir l'exécution du présent article.

ART. 9. Le cartel établi entre les deux armées pour l'échange des prisonniers faits dans la présente campagne, continuera d'avoir son exécution : il est, en outre, convenu que l'amiral Dewinter est considéré comme échangé.

Conclu à Alckmaar, le 26 vendémiaire de l'an 8 de la république française (18 octobre 1799), par les généraux soussignés. Signé KNOX, général-major; ROSTOLANT, général de brigade.

Cette capitulation fut ratifiée le même jour par le duc d'Yorck et par le général Brune.

N. B. Le général Brune avait voulu qu'avant tout, le duc d'Yorck s'engageât à rendre les vaisseaux hollandais dont l'amiral anglais s'était emparé au commencement de la campagne : le prince s'étant refusé à admettre cette condition, il demanda la remise des huit mille prisonniers dont il est question à l'art. 8 de la capitulation.

FIN.

www.ingramcontent.com/pod-product-compliance
Ingram Content Group UK Ltd.
Pitfield, Milton Keynes, MK11 3LW, UK
UKHW020317250726
13967UKWH00004B/1763

9 782012 476998